Max von Pettenkofer

Populäre Vorträge

3. Heft

Max von Pettenkofer

Populäre Vorträge
3. Heft

ISBN/EAN: 9783744642606

Hergestellt in Europa, USA, Kanada, Australien, Japan

Cover: Foto ©ninafisch / pixelio.de

Weitere Bücher finden Sie auf **www.hansebooks.com**

POPULÄRE VORTRÄGE

VON

Dr. MAX v. PETTENKOFER,

Obermedicinalrath und Professor der Hygiene an der Universität München,
ordentl. Mitglied der Königl. Bayerischen Akademie
der Wissenschaften.

Drittes Heft:

Zum Gedächtniss des Dr. Justus Freiherrn v. Liebig.
Rede, gehalten im Auftrage der mathematisch-physikalischen
Klasse der Königl. Bayerischen Akademie der Wissenschaften zu
München in der öffentlichen Sitzung am
28. März 1874.

———

Ueber Hygiene und ihre Stellung an den Hochschulen.

BRAUNSCHWEIG,

DRUCK UND VERLAG VON FRIEDRICH VIEWEG UND SOHN.

1876.

ZUM GEDÄCHTNISS

DES

Dr. JUSTUS FREIHERRN v. LIEBIG.

Rede,

gehalten im Auftrage der mathematisch-physikalischen Klasse der Königl. Bayerischen Akademie der Wissenschaften zu München

in der

öffentlichen Sitzung am 28. März 1874.

Hochansehnliche Versammlung!

Nachdem sich im April des vorigen Jahres über dem Leichname unsres einstigen Vorstandes und Collegen Dr. Justus Freiherrn von Liebig das Grab geschlossen hatte, an dem wir Alle so tief erschüttert standen, gedachte die mathematisch physikalische Klasse der k. Akademie der Wissenschaften, der er seit 1838 angehörte, den Todten in der heutigen Festsitzung, an dem Stiftungstage der Akademie durch Erwähnung dessen zu ehren, was er in der Wissenschaft, der er sein ganzes, erfolgreiches Leben gewidmet, geleistet hat. Die Grösse dieser Leistungen machte sich sofort schon dadurch bemerkbar, dass kein Einzelner von uns, wie sonst gewöhnlich, es übernehmen konnte, ihn würdig zu feiern, sondern dass eine Theilung der Arbeit eintreten musste. Liebig hat nicht bloss im Gebiete der Chemie, sondern auch in den Gebieten der Agrikultur und der Physiologie so Grosses gethan, dass drei Mitglieder seiner Klasse beauftragt wurden, besondere Denkschriften über seine Arbeiten in den drei genannten Richtungen zu verfassen, und so hat es Herr College Dr. Erlenmeyer übernommen, die rein chemische, Herr College Dr. Vogel die agrikole, und Herr College Dr. von Bischoff die physiologische Richtung darzustellen.

Es war vorauszusehen, dass der Umfang dieser Schriften so gross werden würde, dass die Zeit zu ihrem mündlichen Vortrage in der heutigen Festsitzung nicht hinreichen würde, dass sie nur gedruckt zur Vertheilung kommen könnten. Damit nun aber doch auch das gesprochene Wort der Erinnerung am heutigen festlichen Tage nicht fehle, erhielt ich den weiteren Auftrag, ein Bild von Liebig's gesammter wissenschaftlicher Thätigkeit, in einzelnen conturartigen Umrissen hier in diesem Saale zu entrollen, wo er selber so oft zu uns gesprochen, wo er so viele Jahre hindurch den ersten Platz eingenommen hat.

Ueber Liebig's Persönlichkeit, seinen Charakter, sein allgemeines Wesen und seine Bedeutung für das Allgemeine und für unsere Akademie habe ich heute von dieser Stelle aus nichts mehr zu sagen, nachdem in der letzten Festsitzung im vorigen Sommer, die zu Ehren unseres allergnädigsten Königs Ludwig II. gehalten wurde, unser gegenwärtiger Vorstand, Reichsrath Dr. von Döllinger auf eine Reihe seiner Vorgänger klaren Auges zurückblickend bei Liebig, dem jüngsten derselben, nicht minder dem Drange des Herzens, als der Pflicht collegialer Pietät folgend, länger und eingehender verweilt und uns eine Schilderung entworfen hat, dass es eine eitle Mühe sein würde, daran etwas ergänzen zu wollen. Ich werde mich daher nur mit Liebig's wissenschaftlicher Entwickelung und seinen Arbeiten befassen.

Liebig gehört zu jenen Ausnahmen, zu jenen seltenen und glücklichen Menschennaturen, welche ihre Bestimmung, was sie werden sollen und später auch wirklich werden, von Natur, gleichsam von Geburt aus schon in sich tragen und fühlen. Schon auf dem Gymnasium zu Darmstadt war er von einem so bestimmten inneren Drange erfüllt, dass er seinem Professor, der sich zu der Frage veranlasst sah, womit sich denn Liebig ausserhalb der Schule beschäftige, und was er einst zu werden gedenke, unbedenklich antwortete: ein Chemiker. Nachdem er bald darauf das Gymnasium verlassen hatte, finden wir ihn als 18jährigen Jüngling zuerst auf der Universität in Bonn, dann in Erlangen, wo er promovirte und im Jahre 1822 seine erste chemische Arbeit vor die Oeffentlichkeit brachte.

Es ist interessant, einen Geist, wie Liebig, schon in seinen wissenschaftlichen Windeln etwas näher zu betrachten. In Buchners Repertorium für die Pharmazie Bd. XII. erschienen: Einige Bemerkungen über die Bereitung und Zusammensetzung des Brugnatellischen und Howard'schen Knallsilbers. Vom Herrn Liebig, der Chemie Bellissenen aus Darmstadt. Professor Kastner begleitet diesen Titel mit folgender Anmerkung: „Die Leser mögen diese erste Probe des experimentellen Fleisses eines jungen Chemikers mit Nachsicht aufnehmen. Der Herr Verfasser widmete sich der Chemie bereits in Bonn mit achtungswerthem Eifer und setzte hier (in Erlangen) seine Studien in gleichem Geiste fort."
— Es mag damals im naturphilosophischen Zeitalter noch nöthig gewesen sein, junge experimentelle Forscher auf diese Art einzuführen und vorzustellen, heutzutage brauchte der Inhalt dessen, was Liebig geschrieben hatte, keine Empfehlung zur Nachsicht

mehr, denn er schrieb damals schon ganz in der Weise, wie er auch zuletzt geschrieben hat und wie man schreiben muss, wenn man Thatsachen ohne alle Floskeln vortragen will. Liebig's Aufsatz beginnt: „Es scheint vielleicht überflüssig, zu den vielen Vorschriften und Bereitungsarten dieses merkwürdigen Salzes noch eine neue hinzuzufügen; allein die älteren Angaben sind mehr oder weniger unbestimmt und unsicher, so dass, wenn man darnach arbeitet, ohne besondere Uebung das Präparat meistentheils misslingt. Schon seit 2 Jahren verfertige ich nach der unten gegebenen Vorschrift eine grosse Menge Knallsilbers, ohne dass es mir einmal missrathen wäre." Nun folgt eine ebenso kurze als treffende Kritik der älteren Methoden, die Beschreibung der seinigen und des Präparates, welches sie liefert, wobei die feine und scharfe Beobachtungsgabe, die Klarheit und Einfachheit der Anschauung, Eigenschaften, die Liebig später so sehr auszeichneten, schon mit aller Bestimmtheit hervortreten, und wohlthuend gegen den Nachtrag abstechen, den Prof. Kastner noch anhängen zu müssen glaubte, um der kleinen Abhandlung etwas mehr Gewicht zu verleihen.

Ein Jahr später finden wir Liebig in Paris, zuerst im Laboratorium von Thenard, dann bei Gay-Lussac; er hatte in Erlangen gefühlt, er müsse zu seiner vollen Ausbildung nach Paris, und erhielt vom Grossherzoge von Darmstadt ein Reisestipendium dahin zu diesem Zwecke.

Was mochte den jungen Mann wohl so unwiderstehlich nach der Hauptstadt Frankreichs gezogen haben? was hoffte er dort zu finden? Schon auf dem Gymnasium zu Darmstadt hatte Liebig die gesammte chemische Literatur mit grosser Aufmerksamkeit verfolgt. Das beste Lehr- und Handbuch der theoretischen und praktischen Chemie der damaligen Zeit hatte einen Franzosen, Thenard, zum Verfasser. Die interessantesten und wichtigsten Arbeiten jener Epoche, und namentlich in der Richtung, in der es den jungen Liebig zu arbeiten drängte, in organischer Chemie, wurden in Frankreich namentlich von Thenard und Gay-Lussac gepflegt. Thenard's Alters- und Fachgenosse Gay-Lussac, — beide Schüler Berthollet's, war ein bahnbrechender Geist, welcher die Gebiete der Chemie und Physik in gleichem Grade beherrschte. Er hatte zuerst die Natur der Blausäure erschlossen, das Cyan als ein aus Kohlenstoff und Stickstoff zusammengesetztes Radikal erkannt, welches in den Verbindungen aber dieselbe Rolle spielt, wie die einfachen Elemente Chlor, Brom oder Jod: er hatte gefunden, dass alle gasförmigen Stoffe sich in ganz einfachen Volumverhältnissen chemisch verbinden, 1 zu 2, oder 1 zu 1, oder 2 zu 3 u. s. w. und dass das specifische Gewicht zusammengesetzter chemischer Verbindungen im Dampfzustande eine Controle für die Analyse abgebe, was für die organische Chemie von grösster Wichtigkeit wurde. Gay-Lussac hatte auch bereits die erste Titrirmethode, die sogenannte nasse Silberprobe erfunden, die heutzutage noch in allen Münzanstalten als die allein gesetzlich giltige eingeführt ist. Gay-Lussac hatte ferner die Elementaranalyse organischer Körper, welche Lavoisier schon begonnen, wesentlich verbessert und vervollkommnet, und noch vieles Andere geleistet.

Liebig wäre wohl am liebsten gleich bei Gay-Lussac in die Schule gegangen, aber dieser nahm damals noch keine jungen Leute in sein Laboratorium, es gelang Liebig jedoch, einen Platz in Thenard's Laboratorium an der école polytechnique zu erhalten, wo er über das Knallsilber fortarbeitete, welches Präparat Liebig seit seinen Knabenjahren beschäftigt, und sogar in seinen Lebensschicksalen eine gewisse Rolle gespielt hat, insofern es ihn unerwartet schnell aus der pharmazeutischen Laufbahn, die er unmittelbar nach seinem Austritte aus dem Gymnasium in einer Apotheke zu Heppenheim angefangen hatte, durch eine unliebsame Explosion im Hause seines Principals wieder herausgeschleudert hat. Dasselbe Präparat brachte ihn nun zu Paris auch in die Sitzung der französischen Akademie der Wissenschaften vom 28. Juli 1823, die für Liebig von grosser Bedeutung werden sollte. Es wurde von ihm eine analytische Untersuchung über Howard's fulminirende Silber- und Quecksilber-Verbindungen zum Vortrag gebracht. Zu Ende der Sitzung mit dem Zusammenpacken seiner Präparate beschäftigt, näherte sich ihm aus der Reihe der Mitglieder der Akademie ein Mann, und knüpfte mit ihm eine Unterhaltung an; mit der gewinnendsten Freundlichkeit wusste der Fremde den Gegenstand von Liebig's Studien und seine sonstigen Beschäftigungen und Pläne zu erfahren; sie trennten sich, ohne dass Liebig aus Unerfahrenheit und Scheu zu fragen wagte, wer der Fremde sei, welcher beim Auseinandergehen den jungen Chemiker zum Diner bei einem Restaurant im Palais Royal einlud, und sich erst da zu erkennen gab. Es war Alexander von Humboldt, welcher nach längerer Abwesenheit tagszuvor aus Italien nach Paris zurückgekehrt war. Humboldt empfahl nun seinen jungen Landsmann, den er so schnell und so herzlich lieb gewonnen, an seinen Freund Gay-Lussac; denn Humboldt wusste aus eigener Erfahrung, was es werth ist, mit Gay-Lussac zu arbeiten; er hatte mit ihm 1804 Memoiren über die Analyse der atmosphärischen Luft herausgegeben und später über die Volumverhältnisse, in denen sich Gase chemisch verbinden, gemeinschaftlich gearbeitet. Das nun folgende Zusammenleben mit Gay-Lussac ist unstreitig wohl der schönste Abschnitt, der Lichtpunkt in Liebig's Lehr- und Wanderjahren gewesen. Welche Freude müssen zwei so hochbegabte Menschen an einander gehabt haben! Der Eine, etwas über 45 Jahre alt, auf der Höhe seiner inneren Entwicklung und äusseren Stellung, gleichsam ein Baum voll reifer und köstlicher Früchte, — der Andere daneben kaum 20 Jahre alt, im Vollsafte der Jugend treibend, bereits voll Blüthen und Knospen, der jüngere Stamm, der seine Zukunft bereits ahnen liess und selber ahnte. Mich hat es innerlich ergriffen, was Liebig selbst einmal erzählte, dass Gay-Lussac, wenn sie eine recht schöne Thatsache ermittelt, oder eine schwierige Analyse glücklich und mit entscheidendem Erfolge beendigt, ihn oft genommen, und mit ihm um den Tisch im Laboratorium getanzt habe.

Man kann sich denken, was Gay-Lussac an seinen Freund Alexander von Humboldt über den jungen deutschen Chemiker aus Darmstadt, den ihm dieser empfohlen hatte, berichtet haben mag, und man wird sich nicht mehr wundern, dass Humboldt nicht das geringste Bedenken trug, den jungen Liebig, als er im Herbste 1824 Paris verliess, seinem Grossherzoge Ludwig I. in einer Weise zu empfehlen, dass dieser noch im selben Jahre den 22jährigen Jüngling aus eigener Machtvollkommenheit, ohne zuvor das Votum der Universität Giessen einzuholen, dort zum ausserordentlichen Professor der Chemie ernannt hat. Ebenso wenig wird man sich wundern, dass Liebig von der Mehrzahl seiner älteren Collegen als junger Glückspilz und Protegé angesehen wurde, und für die Reformen des chemischen Unterrichts und des chemischen Attributes an der Universität wenig Unterstützung fand.

Aber Liebig wusste alle Schwierigkeiten siegreich zu überwinden. Schon 2 Jahre später wurde er zum ordentlichen Professor der Chemie befördert. Er richtete sich ein, so gut er nur konnte, vielfach auf eigene Kosten und Gefahr, zum Arbeiten für sich und für Schüler. Sein Ruf wuchs schnell, und erst, als er sich so weit verbreitet hatte, dass junge Chemiker aus allen Ländern Europas bereits zu ihm kamen, entschloss sich der Staat zum Bau eines grösseren chemischen Laboratoriums auf dem Selterser Berge vor den Thoren von Giessen.

Liebig's wissenschaftliche und Lehrthätigkeit von 1824 bis 1851 in Giessen und von 1852 bis 1873 in München vollständig zu schildern, ist eine Aufgabe, die man in einer akademischen Rede nicht lösen kann, dafür sind die drei erwähnten Denkschriften bestimmt: hier ist mir nur möglich, einige prägnante Züge herauszugreifen, die geeignet sind, eine Vorstellung von der Art und Weise seines Schaffens zu geben.

Die wissenschaftliche Thätigkeit Liebig's kann man zeitlich und sachlich in zwei Haupttheile trennen, in den ersten von 1824 bis etwa 1839, welcher vorwaltend der Chemie überhaupt oder sogenannten reinen Chemie gewidmet war, und in den zweiten von 1840 ab, wo seine Arbeiten über Anwendung der Chemie auf Agrikultur und Physiologie in den Vordergrund zu treten anfangen, die aber in der ersten Periode schon vielfach vorbereitet waren, ebenso wie auch Arbeiten aus der reinen Chemie in die zweite Periode fallen.

Es gibt kaum einen Zweig der Chemie, in welchem Liebig nicht thätig war und den er nicht bereichert hat. Ausser Berzelius weiss ich keinen Chemiker, der eine so grosse Zahl schwieriger Untersuchungen bewältigt hat. Bloss die von ihm abwechselnd mit Anderen redigirten Annalen der Chemie und Pharmazie enthalten mehr als 200 Abhandlungen von Liebig über die verschiedensten Kapitel der reinen und angewandten Chemie. Es sei zwar ferne von mir, den wissenschaftlichen Werth der Leistungen eines Mannes nach der Anzahl der Artikel zu bemessen, die er schreibt, denn da würde jeder fleissige Zeitungsreporter in wenigen Jahren leicht den grössten Gelehrten überholen, aber bei der schon ungewöhnlichen Qualität der Liebig'schen Arbeiten ist deren Zahl nur um so staunenswerther.

So gross die Verdienste Liebig's in allen Zweigen der Chemie sind, so hat ihm die organische Chemie doch das Meiste zu danken, und er wird desshalb oft geradezu der Begründer der organischen Chemie genannt. Man kann darüber streiten, wie viele der Grundlagen schon gegeben waren, wie viele Liebig selbst erst neu legen musste, — aber darüber lässt sich nicht streiten, dass Liebig mehr als jeder andere Chemiker seiner Zeit dazu beigetragen und gewirkt hat, dass überhaupt der jetzt so vielfach gegliederte Bau der organischen Chemie entstanden ist.

Die von Pflanzen und Thieren stammenden Stoffe, die sogenannten organischen Stoffe waren zur Zeit, als Liebig in die Wissenschaft eintrat, schon vielfach Gegenstand von chemischen

Untersuchungen gewesen, und man wusste bereits, dass sie alle, so unbegrenzt deren Zahl auch ist, Kohlenstoff mit Wasserstoff, Stickstoff oder Sauerstoff in bestimmten Verhältnissen verbunden enthalten, aber gleich wie man ihr Entstehen in Pflanzen und Thieren nicht von chemischen, sondern von ganz anderen Kräften abhängig dachte, so glaubte man sich auch ihre chemischen Beziehungen unter sich und zu den unorganischen mineralischen Stoffen ganz anders denken zu müssen. Die Lebenskraft, unter deren Einfluss allein diese organischen Stoffe sich bildeten, schien ihnen auch vom Organismus getrennt nach den Ansichten der damaligen Zeit noch einen besonderen, fremdartigen und geheimnissvollen Stempel aufzudrücken.

In Liebig entwickelte sich schon sehr früh die volle Ueberzeugung, ja man möchte sagen, sie war ihm angeboren, dass wenn zwischen organischen und unorganischen Stoffen auch ein genetischer Unterschied bestehen sollte, in sofern jedenfalls kein chemischer Unterschied angenommen werden dürfe, als auch die Lebenskraft bei ihren Bildungen den chemischen Gesetzen unterworfen sei. Liebig war überzeugt, dass es nur eine Chemie geben könne und betrachtete es als seine Aufgabe, die unorganische und die organische Chemie in einen wissenschaftlichen Zusammenhang zu bringen. Schon seine Untersuchung über die Knallsäure führte ihn auf diesen Weg, die er mit Gay-Lussac als Verbindung von Cyan mit Sauerstoff erkannte, er entdeckte dann die entsprechende Schwefelverbindung des zusammengesetzten Radikals Cyan als Schwefelcyan, verfolgte dessen Zersetzungsprodukte im Melon, der Cyanylsäure, dem Melam und anderen Körpern.

Graham hatte nachgewiesen, dass es unter den Mineralsäuren solche gibt, welche, z. B. die Phosphorsäure, bald 1, bald 2, bald 3 Aequivalente Basis sättigen: — dasselbe wies Liebig an den organischen, mehrbasischen Säuren nach.

Am dunkelsten und von den mineralischen Stoffen abweichendsten schien die Natur gewisser neutraler organischer Stoffe, z. B. des Alkohols, des Aethers, vieler sog. ätherischer Oele zu sein, die man allgemein als etwas Geistiges und fast Geisterhaftes ansah. Liebig suchte sich namentlich durch Einwirkung einfacher anorganischer Stoffe darauf, wie z. B. des Chlores und Broms Aufklärung über ihre Natur und Zusammensetzung zu verschaffen, und führte auch seine Schüler vielfach in dieser Richtung. Dabei wurde eine grosse Zahl der merkwürdigsten Stoffe entdeckt, von denen später auch allerlei praktische Anwendungen im Leben gemacht wurden und die man dann auch sehr nützlich fand, obwohl man ohne jeden Gedanken an einen anderen, als einen rein wissenschaftlichen Nutzen auf sie gekommen war. So entdeckte Liebig das Chloral schon viele Dezennien früher, ehe Liebreich die schlafmachende Eigenschaft daran entdeckte, derentwegen es jetzt im Grossen fabrikmässig dargestellt wird. Schon die Namen, womit Liebig die von ihm auf diese Art erhaltenen Stoffe bezeichnete, zeigen die ausschliessliche wissenschaftliche Tendenz an, die er dabei verfolgte. So wollte er mit dem Worte Chloral ausdrücken, dass es ein Stoff sei, welcher durch Einwirkung von Chlorgas auf Alkohol entstehe, er wollte nicht bloss in chemischen Formeln denken, sondern wo möglich auch gleich so sprechen.

Diese Arbeiten Liebig's erschienen anfangs der grossen Menge wie eine nutzlose chemische Spielerei, und wurden sogar oft bespöttelt, wozu namentlich auch die von Liebig gewählten, allerdings oft sehr ungewohnten Bezeichnungen und Namen das Ihrige beigetragen haben. Als ihm z. B. die Darstellung einer wissenschaftlich sehr wichtigen Verbindung gelungen war, welche für ihn Alkohol war, der Wasserstoff verloren hatte, nannte er den neuen Stoff Aldehyd, eine Abkürzung von Alcohol dehydrogenisatus. Dieses sonderbar klingende Wort erregte bei Allen, die bisher nur gewohnt waren, dass neu aufgefundene Mineralien nach ihren Fundorten, oder deren Findern, oder nach sonstigen berühmten oder einflussreichen Persönlichkeiten genannt wurden, oder dass man von Scheele's und Schweinfurter Grün, oder Berliner Blau sprach, theils Entsetzen, theils Gelächter. Niemand hätte sich daran gestossen, wenn Liebig sein Aldehyd Parisin, oder Giessenin, Gay-Lussacin oder Berzeliusin genannt hätte.

Für Liebig bestand zwischen unorganischer und organischer Chemie kein anderer Unterschied, als dass erstere die einfachen Radikale, letztere die zusammengesetzten Radikale zum Gegenstande hatte. Eine Untersuchung in dieser Richtung ist bahnbrechend gewesen: Liebig führte sie in Gemeinschaft mit seinem Freunde Wöhler aus, der wie Liebig ein Schüler von Gay-Lussac so ein Schüler von Berzelius war, und in diesen allgemeinen wissenschaftlichen Fragen Liebig ebenbürtig zur Seite stand. Liebig war überhaupt zweimal recht glücklich in seinem wissenschaftlichen Leben, einmal in seiner Jugend einen Lehrer wie Gay-Lussac gehabt, und das anderemal für sein ganzes Leben einen Freund wie Wöhler gefunden zu haben. Sie vereinigten sich zu einer Untersuchung über Bittermandelöl und Benzoesäure, und entdeckten dabei das erste aus 3 Elementen bestehende Radikal, die Grundlage einer Reihe von Verbindungen, welche sie Benzoyl (Grundlage der Benzoereihe) nannten. — Berzelius leitet seinen Bericht, den er über diese Arbeit von Liebig und Wöhler der Akademie der Wissenschaften in Stockholm im März 1833 erstattete, mit folgenden Worten ein: „Eine in diesen wichtigen Theil der organischen Chemie tief eingreifende Forschung ist von Liebig und Wöhler angestellt worden, von denen wir bereits seit mehreren Jahren grosse und unerwartete Entdeckungen aus diesen verborgenen Theilen der Wissenschaft zu empfangen gewohnt sind." Es wurde nachgewiesen, dass eine gewisse Gruppe von Kohlenstoff-, Wasserstoff- und Sauerstoff-Atomen (14 C + 5 H + 2 O) Benzoyl in einer grossen Reihe von Verbindungen sich unverändert erhält. Die Benzoesäure war Benzoylsäure, das Bittermandelöl Benzoylwasserstoff, ferner wurden Chlorbenzoyl, Brombenzoyl, Jodbenzoyl, Cyanbenzoyl, Schwefelbenzoyl u. s. w. dargestellt, in welchen das zusammengesetzte Radikal Benzoyl sich stets so unverändert fand, wie sich Arsenik, oder ein anderes einfaches Radikal oder Element in der Arsensäure, im Arsenikwasserstoff, im Schwefelarsenik u. s. w. findet, und daraus abgeschieden werden kann.

Berzelius, der sich für gewöhnlich auch da, wo er in seinem Jahresberichte eine chemische Arbeit anerkennend besprach, sehr gemessen, ich möchte sagen aristokratisch ausdrückte, kam durch diese Entdeckung in einen ganz ungewöhnlichen Fluss, er strömte förmlich über, und sagte in einem Briefe, der im 26. Bande von Poggendorff's Annalen der Physik und Chemie abgedruckt steht: „Die dargelegten Thatsachen geben zu solchen Betrachtungen Anlass, dass man sie wohl als den Anfang eines neuen Tages in der vegetabilischen Chemie ansehen kann. Von dieser Seite aus würde ich vorschlagen, das zuerst entdeckte, aus mehr als zwei einfachen Körpern zusammengesetzte Radikal chemischer Verbindungen Proin (von dem griechischen Worte πρωΐ, frühmorgens, Tagesanbruch), oder Orthrin (von ὀρθρός, Morgendämmerung) zu nennen." Berzelius war demnach ganz begeistert, fast zum Dichter geworden.

Wenn die Theorie der organischen Radikale auch vielfach von ihren üppig blühenden Töchtern, von der älteren Typen- und der jüngeren Struktur-Chemie verdrängt erscheint, so verringert das nicht im Geringsten die Verdienste Liebig's um die Entwicklung der organischen Chemie, denn die Radikaltheorie war eine der fruchtbarsten Entwicklungsperioden, sie war in Wahrheit eine Mutter, deren Hauptzüge sich auch im Gesicht der Töchter vielfach wiederfinden. Jede Theorie, die zu Arbeiten und Entdeckungen führt, hat ihren Werth in der Zeit: so hatte auch die Phlogistontheorie von Stahl im vorigen Jahrhundert einen grossen fördernden Einfluss geübt, obschon sie noch vor Schluss des Jahrhunderts von Lavoisier für immer begraben wurde. Auch die jetzt herrschende Lehre von der chemischen Struktur der Verbindungen und der räumlichen Lagerung der Atome ist gewiss noch nicht das letzte Wort, was in der organischen Chemie gesprochen werden wird, und ich weiss nicht, ob sie viel länger herrschen wird, als ihre Vorgängerin, die Typentheorie, auch sie ändert sich rasch, kommt sozusagen fast täglich in andere Umstände, und mir schiene es kühn, sie in eine Lebensversicherungsgesellschaft mit einer allzuhohen Prämie aufzunehmen, denn selbst Autoritäten, wie z. B. Kolbe sind der Radikaltheorie auch bis jetzt noch treu geblieben, und fühlen sich in ihren erfolgreichen Forschungen nicht gehemmt. Ich bin zu wenig in der neuen Chemie bewandert und masse mir kein Urtheil an, aber wundern würde ich mich nicht, wenn zuletzt die verschiedenen Theorien, welche alle Töchter der Radikaltheorie sind, wenn auch mit etwas verändertem Aussehen und reich an Erfahrungen und Errungenschaften, die auch durch sie gemacht worden sind, sozusagen auf einem lehrreichen Umwege in den Schooss der Mutter zurückkehren würden.

Wenn man die zahlreichen Forschungen, welche Liebig in der organischen Chemie allein und mit Anderen ausgeführt hat, überblickt, so wundert man sich nicht, dass er bald als der Erste seines Faches anerkannt war, — aber darüber muss man sich wundern, wie er die riesige Arbeit, die damit verbunden war, leisten konnte, woher er Kraft und Zeit dazu nahm.

Die Kraft lag selbstverständlich von Natur aus in seinem Wesen, das ist Etwas, was sich der Mensch nicht geben kann, wenn er es nicht von Haus aus besitzt. Die Zeit aber verschafften ihm seine Ausdauer, sein Fleiss und seine guten Methoden. Liebig hatte einen ebenso scharfen, durchdringenden Verstand, als eine rastlos thätige Fantasie, ohne im Geringsten ein Träumer zu sein. Verstand und Phantasie, diese beiden grossen Eigenschaften, die in ihm so innig und harmonisch verbunden waren, immer concentrirt auf ganz concrete Fälle, haben wohl den meisten Antheil an seinen grossen Erfolgen sowohl in der Wissenschaft, als auch im Leben gehabt. Man muss es erlebt haben, wie Liebig einen Stoff betrachtete, wie er einen chemischen Vorgang ansah; er war scharfsinnig in jeder Bedeutung des Wortes. Ich habe es einmal mit angesehen, wie ihm in München ein krystallinischer, farbloser, organischer Körper gebracht wurde, der eben im rohen Holzessig aufgefunden worden, und dessen Zusammensetzung noch nicht ermittelt war. Er roch etwas nach Kreosot, und da das Vorkommen eines solchen Körpers im Holzessig bisher unbekannt war, so interessirte sich Liebig dafür. Er legte das Ding sofort auf ein Platinblech, hielt es über eine Flamme, der Körper schmolz, verdampfte etwas, und erstarrte vom Feuer genommen wieder zu einer krystallinischen Masse. Im selben Augenblicke sagte Liebig: „Ich glaube, das ist Pyrogallussäure — diese schmilzt und erstarrt ebenso." Dieser Ausspruch war unendlich kühn, und ein gewöhnlicher, schulgerechter Chemiker hätte ihn gewiss nicht gewagt: denn erstens war es ganz unbekannt, dass Pyrogallussäure in Holzessig vorkäme, — dann ist die Pyrogallussäure geruchlos, riecht wenigstens nicht entfernt nach Kreosot, endlich schmelzen beim Erhitzen und erstarren darnach wieder eine solche Unzahl von organischen Körpern, dass mehr als gewöhnlicher Scharfblick dazu gehört, in diesen Vorgängen noch individuelle Unterschiede wahrzunehmen, um sich dadurch eine Richtung in der Diagnose, wenn auch nur ganz vorläufig, geben zu lassen. In dem Gehirne eines Anderen hätte dieses Schmelzen und Erstarren wohl schwerlich den Gedanken an Pyrogallussäure erweckt. — Sofort wurde der Körper in Wasser gelöst und mit den bekannten Reagentien auf Pyrogallussäure geprüft. Alle Reaktionen stellten sich ein: es war nicht mehr zu zweifeln, man habe es wirklich mit Pyrogallussäure zu thun, oder doch mit einem ganz nahe verwandten Körper. Zu all dem brauchte Liebig nicht zehn Minuten Zeit, und die nachfolgende weitere Untersuchung bestätigte nur Liebig's Ansicht, es war zwar nicht die gewöhnliche Pyrogallussäure, wie sie aus der Galläpfelgerbsäure dargestellt wird, aber die ganz nahe verwandte Brenzcatechusäure.

Es ist wohl natürlich, dass ein Mann, der so häufig die Erfahrung machte, dass er wirklich mehr und schneller sehe, als viele andere Menschen, sich auch nicht leicht von etwas abbringen liess, was er sich einmal in den Kopf gesetzt hatte, wenn auch durch die ersten Ergebnisse einer Untersuchung seine ursprüngliche Ansicht nicht bestätigt wurde, und da kein Mensch unfehlbar ist, so musste auch Liebig hie und da irren. Wenn er glaubte, ein Stoff sei diess oder jenes, oder enthalte diess oder jenes, so gab er ihn nicht selten einem seiner Schüler, auf den er Vertrauen hatte, zu untersuchen. Wenn dieser nun nicht gleich fand, was Liebig erwartete, so sank das Vertrauen auf die Geschicklichkeit des Schülers immer viel schneller, als das Vertrauen in die Richtigkeit der eigenen Idee. Er konnte da ganz naiv sagen: Das müssen Sie finden. Und wenn es Einer doch nicht fand, fing er oft an, weniger zu gelten, stieg aber meist auch wieder in Liebig's Augen, wenn er sich auf eigene Füsse stellte und unzweifelhafte Belege gegen Liebig's ursprüngliche Meinung, oder sonst eine gute Erklärung fand. Es ist naturgemäss, dass das Festhalten an einer einmal gefassten Ansicht auch bei Liebig mit den Jahren wuchs.

Gelehrte anderer Fächer, namentlich mehr Büchergelehrte hatten von jeher einen schweren Stand mit ihm, wenn sie in ihr Fach einschlagende Ideen bestritten, die Liebig oft so im Gespräche hinwarf. Sie mochten in untadelhafter Rede und Aufeinanderfolge ihre Gründe und ihre Beweise vorbringen, er liess sich selten bestimmen. Er konnte zugestehen: „Der Mann ist viel gelehrter als ich, er weiss viel mehr als ich", blieb aber am liebsten immer bei der ersten Ansicht, die ihm sein gesunder Menschenverstand eingegeben hatte.

Was Liebig neben seiner ungewöhnlichen geistigen Begabung und schnellen Fassungskraft so ausserordentlich rasch förderte, war seine Methodik. Er sparte sich und Anderen unendlich viel Zeit durch Schaffung von guten Methoden bei seinen Untersuchungen. Von den vielen Methoden, welche er anwandte, vervollkommnete oder ganz neu erfand, nimmt vielleicht den ersten Rang die Elementaranalyse organischer Körper ein, namentlich die Kohlenstoff- und Wasserstoffbestimmung. Vor Einführung der Liebig'schen Methode gehörte eine organische Elementaranalyse zu den höchsten und schwierigsten Aufgaben der analytischen Experimentirkunst, und nur die grössten Meister wagten sich daran, der gewöhnliche Professor der Chemie, selbst auf Universitäten, hatte damals in der Regel noch nie eine machen sehen, viel weniger eine gemacht; um ein solches Wagstück zu unternehmen, musste man schon Thenard, Gay-Lussac oder Berzelius sein. Liebig hatte die Elementaranalyse in den Laboratorien von Thenard und Gay-Lussac kennen gelernt und darnach gearbeitet. Bei seinen ausserordentlichen Fähigkeiten wurde er natürlich unter der Anleitung dieser Meister über die Schwierigkeiten Herr; aber er muss sie doch recht unangenehm empfunden haben, und noch viel mehr den grossen Zeitaufwand, den sie erforderten. Als Liebig in Giessen so intensiv zu arbeiten anfing, und seinem inneren Drange gemäss wo möglich alle organischen Körper, die es gab, auf ihren Kohlenstoff-, Wasserstoff- und Stickstoffgehalt, am liebsten alle gleich auf einmal untersucht gehabt hätte, da musste es ihm sehr schwer fallen, dass man dazu so viel Zeit und Apparat brauchte. So bestimmt er seinerzeit in Erlangen erkannt hatte, er müsse nach Paris, um sich vollends auszubilden, so bestimmt erkannte er jetzt, er müsse die Elementaranalyse ausbilden, sie zu einer schnell und leicht auszuführenden Operation machen, wenn es mit der Entwicklung der organischen Chemie vorwärts gehen sollte. Diese rein technische Aufgabe beschäftigte ihn jahrelang, und er hat sie bis zu einem staunenswerthen Grade gelöst. Allmälig wurde der Apparat so einfach und so sicher, und das Arbeiten damit ging so schnell, dass die Behendigkeit der Mineralanalyse weit überflügelt wurde. Jeder Chemiker war jetzt im Stande, namentlich nachdem noch die ebenso expedite Stickstoffbestimmung von Will und Varrentrapp hinzugekommen war, an einem Tage mehrere Verbrennungen zu machen.

Die Vereinfachung der Elementaranalyse hat für die Entwicklung der organischen Chemie keine geringere Bedeutung gehabt, als neue Verkehrsstrassen oder Verkehrsmittel für Handel und Industrie. Es hat auch schon vor der Einführung von Dampfschiffen und Eisenbahnen einen Güterverkehr gegeben, selbst auf den mühsamsten Saumwegen, aber wie hat er sich durch die neuen Mittel vermehrt! Gleichwie jetzt unsere Eisenbahnen und Dampfschiffe auch zu vielen zwecklosen Reisen und Ausflügen benützt werden von Leuten, die nichts in der Ferne zu suchen haben, und füglich zu Hause bleiben könnten, so wird jetzt auch allerdings manche Elementaranalyse, manche Verbrennung gemacht, die nichts ändert am Zustande unseres Wissens, die sonst unterblieben wäre, — aber wie viele nützliche und wichtige Geschäfte werden jetzt ausserdem besorgt, wodurch Wohlstand und Wissen schneller vermehrt werden als sonst!

Die Wirkung der Liebig'schen Methode der Elementaranalyse war eine ganz ausserordentliche, die Fragen über die procentische Zusammensetzung organischer Körper konnten jetzt mit Leichtigkeit beantwortet werden, sie waren kein langwieriges Hinderniss mehr für die Forscher. Der Fünfkugelapparat, den Liebig, der selbst ein geschickter Glasbläser war, aus einigen Glasröhren herstellen lernte, in welchem der Kohlenstoff der organischen Substanzen als Kohlensäure absorbirt und gewogen wird, ist zum Wahr- und Kennzeichen der Giessener Schule geworden, die Studenten trugen ihn im verkleinerten Maassstabe als Emblem auf Busennadeln und Knöpfen, und auf Liebig's lithographirten Bildnissen figurirte er als Facsimile. Ich befürchte kein Missverständniss und stehe nicht an, bei dieser feierlichen Gelegenheit, in dieser ernsten Stunde Ihre Blicke auf dieses kleine Ding von Glas mit etwas Kalilauge gefüllt zu richten, welches zur Erforschung der Zusammensetzung der organischen Körper so viel beigetragen hat, als gute Fernrohre zur Erforschung des gestirnten Himmels, oder gute Mikroskope zur Erforschung der kleinsten Theile auf unserer Erde. Wenn Liebig's Geist jetzt in diesem Saale weilt, und wir ihn sehen könnten, ich bin überzeugt, er würde freundlich und zustimmend nicken, wie er es oft im Leben gethan, wenn er recht verstanden wurde.

Die Lehrthätigkeit Liebig's gehört zwar nicht in den Kreis der Betrachtung seiner wissenschaftlichen Leistungen, mit welchen allein ich es hier zu thun habe, aber die Schule Liebig's ist unzertrennlich von seinen Arbeiten, denn er schuf sehr Vieles für die Wissenschaft mit ihr und durch sie; sie ist überhaupt unzertrennlich von der Entwickelung der organischen Chemie und ihrer Anwendungen. Liebig hatte an sich selber die Bedürfnisse zu höherer Ausbildung und die Mängel der chemischen Schulen seiner Zeit kennen gelernt. Er fand wohl in Paris, was er bedurfte, aber nur für seine Person; es war das zufällige Zusammentreffen mit Alexander von Humboldt nothwendig, um in das Laboratorium von Gay-Lussac zu kommen; was er in Paris dem Glücke verdankte, das hat er in Deutschland zum Gemeingut gemacht. Die Gründung des chemischen Laboratoriums in Giessen für Zwecke des öffentlichen praktischen Unterrichts muss eine epochemachende, neue Thatsache genannt werden. Liebig hat dadurch die Chemie vom Katheder auf kürzestem Wege in andere Wissenschaften und ins praktische Leben hinübergeführt. Welche ausserordentliche Thätigkeit hat in diesen chemischen Hallen auf dem Selterserberge geherrscht! Was wurde da von Morgens bis Abends, bis es zum gemeinschaftlichen Tagesmahle beim Rappen ging, unausgesetzt gearbeitet, das Wichtigste neben dem Gleichgültigsten, der künftige Praktiker, neben dem künftigen Professor der Chemie, dazwischen auch einmal ein chemischer Bummler, alle Dialekte Deutschlands, alle Zungen Europas, in einer gewissen Halle etwas vorherrschend die Mundart Englands, alles untereinander und durcheinander, und doch in Ordnung, weil jeder das Gefühl hatte, er strebe nach einem höheren Ziele, er diene der Wissenschaft, er sei ein Schüler Liebig's! Wie anregend wirkte auch sonst dieser Zusammenfluss von strebsamen Jüngern unter einem solchen Meister! Manche edle Freundschaft fürs Leben wurde da durch gemeinsame Aufgabe und Arbeit begründet. Und Liebig hatte für jeden, wenn er bei der Arbeit in eine wissenschaftliche oder experimentelle Bedrängniss, in chemische Noth gerathen war, meistens sofort einen guten Rath, einen glücklichen Gedanken, der ihm weiter half und sein Fahrzeug wieder flott machte. Wer im Vergleich mit den anderen chemischen Attributen jener Zeit dieses ebenso ernste als emsige und heitere Treiben in diesem chemischen Bienenkorbe an der Lahn gesehen, der begreift recht wohl, dass es eine Zeit gegeben hat, in der jeder, welcher einen Drang nach höherer Ausbildung in der Chemie in sich fühlte, glaubte, nach Giessen pilgern zu müssen, und das Ansehen der Liebig'schen Schule bald so sehr wuchs, dass es schon für eine gewichtige Empfehlung galt, überhaupt nur in Giessen bei Liebig gewesen zu sein, als erwerbe man schon bloss durch eine Wallfahrt dahin eine höhere Weihe und damit auch höhere Rechte.

Liebig ist auch darin zu bewundern, dass er so bestimmt wusste, dass er Schule machen müsse in der Art, wie er es gethan, dass er damit etwas Gutes thue. Wie jeder, der seiner Zeit voraneilt, hatte auch er da anfangs die Zustimmung nur Weniger, hingegen Widerspruch von Vielen. Einige Lehrer der Chemie hatten schon immer gefühlt, dass auch die Schüler der Chemie an den Universitäten sich praktisch im Laboratorium beschäftigen sollten, aber sie wurden von der öffentlichen Meinung und den Unterrichtsbehörden nicht unterstützt, und waren nicht stark genug, die entgegenstehenden Hindernisse zu brechen. Ich erinnere mich noch lebhaft daran, was mir mein alter Lehrer Johann Nepomuk von Fuchs aus der Zeit erzählte, als er noch Professor der Chemie und Mineralogie in Landshut zu Anfang der zwanziger Jahre war. Er hatte da eine kleine praktische chemische Schule — allerdings mit den bescheidensten Mitteln — zu halten gesucht; aber seine Collegen betrachteten das als eine nutzlose Verschwendung von Reagentien und Kohlen, und für eine kostspielige Abnützung der Apparate, und die wenigen Studenten, welche sein Praktikum besuchten, wurden von ihren Commilitonen fast bemitleidet ob ihrer Leichtgläubigkeit, dass sie meinten, der Professor würde so thöricht sein, ihnen „die rechten Vortheile" zu zeigen, und sie auch zu Professoren zu machen. Es war damals noch die Zeit, in der Göthe seinen Mephisto zu Faust sagen liess: „Das Beste, was du wissen kannst, darfst du den Buben doch nicht sagen". Liebig drehte nun den Satz ganz ins Gegentheil um: „Alles was ich machen kann, müssen auch die Buben machen lernen."

Als die Giessener Schule schon in voller Blüthe stand, glaubte noch mancher Universitätsprofessor der Chemie, Liebig befinde sich doch auf einem falschen Wege, er schade der Wissenschaft und ihrem Ansehen. Ein hervorragender Chemiker und Professor, in dessen Laboratorium nur einige auserwählte Assistenten zu thun bekamen, meinte noch in allem Ernste, Liebig mache höchstens alle Jahre einige Dutzend junge Leute unglücklich, dadurch, dass er ihnen in den Kopf setzte, sie müssen Chemiker werden; denn was sollte man mit dieser Masse von Chemikern anfangen? die schliesslich doch keine Versorgung fänden, und dann nur auf Abwege gerathen würden.

Liebig liess sich durch solche Einreden nicht irre machen, und konnte bald die Nachfrage nach Chemikern aus seiner Schule nicht mehr befriedigen, so viel sich deren auch ausbildeten, und man sah sich bald veranlasst, auch anderwärts solche Pflanzstätten, oder wie man sie anfangs auch nannte, solche Treibhäuser zu errichten.

Liebig handelte vom Beginne an nach dem Grundsatze, seinen Schülern überhaupt Chemie ohne jede Rücksicht auf specielle Anwendungen zu lehren, sie zuerst in den Besitz des Dinges zu setzen, von dem sie Anwendung machen sollten. Die Anwendung überliess er jedem selbst. Er befand sich auch damit nicht im Einklang mit der Zeitströmung. Gerade damals errichtete man an vielen Orten technische Schulen mit der ausgesprochenen Tendenz, darin nur solche Theile der Naturwissenschaften zu lehren, die für die einzelnen Gewerbe Nutzen hätten. In der Chemie einer Gewerbschule sollte der künftige Hafner den Lehm, der Brauer Malz und

Hopfen, der Gerber Haut und Rinden; der Färber die Farben, der Landwirth Boden und Mist u. s. w. studiren, nicht aber mit Dingen beschwert werden, von denen der Schüler in seinem künftigen Berufe nie eine praktische Anwendung zu machen Gelegenheit und Aussicht hätte. Liebig blieb aber diesem gedankenlosen Utilitarismus gegenüber ganz bibelfest, und huldigte immer dem Grundsatze: Suchet zuerst das Reich Gottes und seine Gerechtigkeit, das übrige wird euch beigegeben werden. Von einer Wissenschaft nur das lernen wollen, wovon man einst Nutzen ziehen könnte, ist ebenso unnütz und sinnlos, als wenn Einer von einer Sprache sich nur solche Worte aneignen wollte, die er bei passender Gelegenheit zu einem bestimmten Zwecke anbringen zu können glaubt. Ein solcher Linguist wird sofort stumm, sobald er in ein wirkliches Gespräch verwickelt wird.

Leute, die sich in grösseren technischen Verhältnissen bewegten, fühlten auch sehr bald heraus, wie recht Liebig habe. Nicht nur um Lehrer der Chemie wandte man sich vielfach an ihn, sondern auch um technische Chemiker aus seiner Schule, und nicht bloss für chemische Fabriken, und Sodafabriken, sondern auch für Papierfabriken, Färbereien, Bierbrauereien u. s. w. Eine der grössten englischen Brauereien wollte speziell für Untersuchungen über den Brau- und Gährungsprozess einen Chemiker engagiren. Da glaubte Liebig doch bemerken zu müssen, dass er im Augenblick unter seinen Schülern keinen habe, der sich auch nur entfernt mit diesen Gegenständen beschäftigt. Das Haus schrieb zurück: das schade nichts, wenn der junge Mann überhaupt nur Chemie verstehe, das Brauen und Gähren könne er am besten bei ihnen lernen. Und der bloss allgemein chemisch gebildete junge Mann, den Liebig empfahl, der das Brauwesen vielleicht nicht weiter als vom Biertrinken auf dem Felsenkeller neben dem Laboratorium in Giessen kannte, ist wirklich ein hervorragender Brauer geworden, und erst kürzlich als angesehener und reicher Mann gestorben.

Also nicht bloss hervorragende Forscher und Lehrer der Chemie sind aus der Liebig'schen Schule hervorgegangen, sondern noch viel mehr ausgezeichnete Praktiker. Liebig hat seine Stellung als Lehrer auch stets mit innerer Befriedigung empfunden, und konnte daher mit vollem Rechte wenige Jahre vor dem Schlusse seines Lebens von sich selber sagen: „Ich bin mit dem Beginne der Entwicklung der organischen Chemie in die Wissenschaft eingetreten, und hatte über 30 Jahre lang das seltene Glück, eine grosse Anzahl strebsamer und tüchtiger junger Chemiker, von denen viele jetzt Zierden der Lehrstühle der Chemie in beinahe allen europäischen Ländern sind, um mich versammelt zu sehen; mit ihrer Hülfe, und ich muss hinzufügen im Vereine mit meinem Freunde Wöhler gelang es uns, zahlreiche Untersuchungen auszuführen und eine Menge von Thatsachen festzustellen, welche zu den Grundlagen der heutigen organischen Chemie gerechnet werden."

Ebenso wie Liebig's Thätigkeit als Lehrer gehört auch seine literarische Thätigkeit streng genommen nicht in den Kreis der mir gestellten Aufgabe, ihn als Forscher zu schildern, — aber doch wäre nach meinem Gefühle das Bild von Liebig's wissenschaftlicher Thätigkeit nicht vollständig, wenn zweier Dinge wenigstens nicht Erwähnung hier geschähe, der Annalen der Chemie und Pharmazie, und seiner chemischen Briefe.

Als Liebig auftrat, gab es in Deutschland keine Zeitschrift, die ausschliesslich der Chemie gewidmet gewesen wäre. Die Chemie lehnte sich damals noch vorzugsweise und am meisten an die Pharmazie an, in deren Praxis die Ergebnisse der chemischen Wissenschaft zunächst zur Geltung kamen, und seit längerer Zeit auch erspriessliche Pflege gefunden hatten. Der Apotheker spielte früher oft eine wichtige Rolle, nicht bloss im kleinen bürgerlichen Epos, wie in Hermann und Dorothea, sondern auch in der Chemie und der Naturwissenschaft überhaupt, und so erschienen auch Liebig's erste Arbeiten hauptsächlich in dem vom Apotheker Hänle gegründeten Magazin für Pharmazie, dass dann vom Apotheker Geiger in Heidelberg fortgesetzt wurde. Im Jahre 1832 gründete Liebig mit Geiger die Annalen der Pharmazie, die nun ganz sein Organ wurden. Mit dem 33. Bande 1840 nahmen sie den Titel Annalen der Chemie und Pharmazie an, um den Titel, wie sich Liebig ausdrückte, mehr in Einklang mit dem Inhalte zu bringen, und nachdem auch Wöhler in die Redaction bereits eingetreten war. Später trat noch Kopp, in jüngster Zeit dann auch Erlenmeyer und Volhard, alle Liebig's Schüler in die Redaction ein. 41 Jahre lang war Liebig der eigentliche Träger dieser Annalen, die meist auch kurzweg bloss nach ihm, selbst jetzt noch nach seinem Tode Liebig's Annalen benannt werden, und für jeden eine unentbehrliche und unerschöpfliche Quelle sind, der sich als Forscher auf irgend einem Gebiete der Chemie bewegen will.

Die chemischen Briefe von Liebig sind bekanntlich entstanden durch eine Reihe von Aufsätzen in der Augsburger Allgemeinen

Zeitung. Ich brauche diese Briefe nur zu nennen, um damit ein unerreichtes Muster von Popularisirung strenger Wissenschaft in den weitesten Kreisen einem jeden Gebildeten sofort zum vollen Bewusstsein zu bringen. Die chemischen Briefe sind aber auch für den Fachgelehrten ganz unentbehrlich, denn ihr Verfasser benützte sie, wie er selbst sagt, immer auch dazu, seine chemischen, landwirthschaftlichen und physiologischen Ansichten näher zu erläutern. Er hat sehr grosse Sorgfalt darauf verwendet. Noch kurze Zeit vor seinem Tode schrieb er einem seiner Schüler, dem er über eine kleine von diesem veröffentlichte populäre Schrift seinen Beifall ausdrücken wollte, in folgenden Worten: „Ihre Schrift ist im Styl ganz vortrefflich gehalten, und in Beziehung auf Einfachheit und Klarheit der Sprache ein wahres Meisterstück; sie mag den meisten Lesern vorkommen wie aus dem Aermel geschüttelt, was man auch von mehreren meiner chemischen Briefe gesagt hat; aber ich bin gewiss, dass Sie sehr viele Aufmerksamkeit und Sorgfalt auf die Abfassung derselben verwendet haben, wie dies bei den chemischen Briefen von mir geschah; das Einfache und Frische in der Diktion ist Sache der Kunst, die man aber dabei nicht merken muss". Liebig hatte hiemit den höchsten Preis ertheilt, den er für populäre Schriften zu vergeben hatte.

Dieser allgemeine, umfassende Standpunkt, den Liebig in der ganzen Chemie einnahm, war es auch, welcher ihn in natürlicher Entwicklung auf die Gebiete der Agrikultur und der Thierphysiologie führte. Nachdem er sich mehr als jeder andere Chemiker mit den Stoffen der organischen Natur abgegeben hatte, so lag für ihn auch das Bedürfniss nur um so näher, schliesslich diese Stoffe auch im Zusammenhange mit ihren Werkstätten zu betrachten, in denen sie erzeugt werden, zu sehen, welche Rollen sie im Haushalte der Natur spielen. Wie bahnbrechend und anregend er in diesen Gebieten gewirkt hat, ist allgemein bekannt. Ich kann mich auf Erwähnung und Vorführung einiger Hauptpunkte beschränken, nähere Ausführung den Denkschriften der Herren Collegen Vogel und v. Bischoff überlassend.

Was wir Liebig's Agrikulturchemie nennen, hat sich in zwei Zeitabschnitten entwickelt. Davon fällt der erste Theil in die Jahre 1840—1846 in Giessen, und der zweite in die Jahre 1856 bis 1862 in München, wohin er 1852 übersiedelte. Seine näheren Beziehungen sowohl zur Pflanzen-, als auch zur Thier-Physiologie haben eigentlich ihre erste Darlegung in einem Werke gefunden, welches 1840 bei Vieweg in Braunschweig erschien und den Titel führte:

Die Chemie in ihrer Anwendung auf Agrikultur und Physiologie. Damit hatte Liebig Stellung zu einer Anzahl von Fragen in den genannten Gebieten auf Grund seiner eigenen und der Arbeiten Anderer genommen. Es war das ein so folgenreicher und folgenschwerer Schritt, dass ich etwas näher darauf eingehen muss. Die British Association for the advancement of Science tagte 1837 in Liverpool und forderte da Liebig auf, in nächster Zeit einmal einen Bericht über den damaligen Stand der Kenntnisse in der organischen Chemie abzustatten. Liebig erklärte sich geneigt, meinte aber und schlug vor, dass sich der französische Chemiker Dumas mit ihm in die Arbeit theilen sollte. Dumas scheint nicht darauf eingegangen zu sein, und so erschien 1840 das Buch von Liebig. Der Erfolg des Buches war ein ganz ungewöhnlicher, sowohl wenn man auf die Zahl der Leser sieht, welche es fand, es erlebte in 6 aufeinanderfolgenden Jahren 6 bedeutende Auflagen, als auch wenn man die Aufregung betrachtet, die es in allen Kreisen hervorrief. Im grossen Publikum war dieselbe so mächtig, dass sich Dumas, als erste chemische Autorität der französischen Nation nun veranlasst sah, ein Jahr später 1841 etwas ganz Aehnliches in französischer Sprache erscheinen zu lassen, was Liebig in deutscher geschrieben hatte, und bei dieser Gelegenheit die Hauptsätze Liebig's, so bestritten einzelne nach der Ansicht Vieler noch sein mochten, förmlich pour la France zu reklamiren: „elles appartiennent à notre école, dont l'esprit est venu s'exercer sur ce terrain nouveau."

Aber der Erfolg des Buches war auf anderer Seite anscheinend ein geringer, wenn man seine anfängliche Wirkung auf die Landwirthschaft und Physiologie und deren Vertreter zu damaliger Zeit ins Auge fasst. Von diesen wurde Liebig mit seinen Anschauungen und Lehren fast durchweg als unberufener Eindringling angesehen und behandelt, den man wieder in seine Grenzen, auf sein Gebiet zurückweisen müsse, und überall entstand Krieg. Selbst viele hervorragende Chemiker fanden es nicht recht, dass Liebig eine solche Gebietserweiterung vorgenommen habe, gleich einem ländergierigen Herrscher, dessen angestammtes Reich ohnehin schon so gross ist, dass es wie unabsehbar scheint. So äusserte sich Berzelius damals gleich anfangs sehr bedenklich, und gerieth schliesslich nach einigen Jahren über diese Art von Anwendung der Chemie, die er Probabilitätstheorie nannte, geradezu in Feindschaft mit Liebig. Berzelius sagte schon in seinem Jahresberichte 1841, dass das Buch von Liebig mit allem dem Geiste ausgeführt sei, den man mit Recht von einem so ausgezeichneten Verfasser zu erwarten habe, aber er verschweigt auch nicht, dass Liebig da auf einem Grunde ein fertiges Gebäude errichtet habe, der noch allzu sehr in Schwanken begriffen sei. „Boussingault arbeite auf demselben Felde, wie Liebig, aber Boussingault gehe den schwierigen und mühsamen Weg, jede Frage durch einen oder mehrere Versuche beantworten zu lassen; er gebe seine Antworten nicht so rasch, aber sie seien zuverlässig. So habe er erst kürzlich ausgemittelt, dass die auf einem Hektar zurückbleibenden Stoppeln mit Wurzeln, in völlig ausgetrocknetem Zustande, von Waizen 1036 Kilo, von Klee 1547 Kilo und von Hafer 650 Kilo wiegen, durch deren Unterpflügung der Erde wieder grosse Mengen sowohl von organischen Stoffen, als auch von Salzen oder Asche-Bestandtheilen für eine neue Vegetation wieder gegeben würden u. s. w."

Dieser theils vorsichtigen, theils ablehnenden, theils geradezu feindlichen Haltung der Landwirthe, Physiologen und Chemiker gegenüber ertönte nur um so lauter die Begeisterung und der Beifall des grossen Publikums: aber ich weiss nicht, ob sich Liebig davon so ganz befriedigt fühlte, denn von der jubelnden Schaar, welche ihn als grossen Mann und ersten Chemiker auch ausser seinen Schülern vielfach umschwärmte, war keiner im Stande, Berzelius eine andere Meinung beizubringen, oder die Versuche von Braconnot und die Erhebungen von Boussingault zu entkräften, oder die zweifelnden Landwirthe zu überzeugen und die polemisirenden Physiologen verstummen zu machen. Mir macht es den Eindruck, als hätte sich Liebig damals, und vielleicht das erstemal in seinem Leben, trotz aller Huldigungen der Menge doch oft recht einsam fühlen müssen, denn auch seine besten Freunde und Schüler sahen wohl ein, dass Liebig in dem hohen Fluge, welchen er seinen fantasiereichen Geist bei Abfassung dieses Buches hatte nehmen lassen, doch häufig mehr behauptet hatte, als bewiesen schien, dass die prosaische Arbeit des Beweisverfahrens doch in vielen Punkten eigentlich erst angehe. Neben vielen Bewunderern hatte er sich auch einen Schwarm von nicht zu verachtenden Gegnern erzeugt, und er war ganz auf sich selber angewiesen, er konnte sich nur selber helfen. Wie er das im Laufe der Zeit gethan, ist bewundernswerth.

Liebig erhielt den Anstoss zu seinem aufregenden Werke zu einer Zeit, als er auf der Höhe seiner inneren geistigen Entwicklung angelangt war. Wenn ein solcher Mensch und zu einer solchen Zeit veranlasst wird, oder Veranlassung nimmt, Umschau zu halten, soweit sein Auge reicht, da lässt sich von vornherein etwas Ausserordentliches erwarten.

Worin bestand es wohl hauptsächlich, was Liebig da gefunden hatte? Liebig hat zu keiner Zeit den Anspruch erhoben, als hätte er sich zuerst mit chemischen Untersuchungen über den Ackerbau beschäftigt, im Gegentheil, er sagt in der Zueignung seines Buches an Alexander v. Humboldt; „Das kleine Werk, welches ich mir die Freiheit nehme, Ihnen zu widmen, ich weiss kaum, ob ein Theil davon mir als Eigenthum angehört; wenn ich die Einleitung lese, die Sie vor 42 Jahren zu J. Ingenhouss Schrift „über die Ernährung der Pflanzen" gegeben haben, so scheint es mir immer, als ob ich eigentlich nur die Ansichten weiter ausgeführt, und zu beweisen gesucht hätte, welche der warme, immer treue Freund von Allem, was wahr, schön und erhaben ist, welche der Alles belebende, thätigste Naturforscher dieses Jahrhunderts darin ausgesprochen und begründet hat." Und Liebig hat das sicher im Ernste gesagt, denn wenn auch eine Zueignung oder Widmung sich noch so sehr in's Gewand der Höflichkeit kleidet, so darf sie doch nie eine Unwahrheit an sich tragen, und Liebig könnte man am wenigsten einen derartigen Vorwurf machen.

Was war es nun denn, was diese fürchterliche Aufregung hervorrief? Nach meiner Ansicht waren es nicht die meist schon bekannten Thatsachen, die vorgetragen wurden, sondern vor Allem der Gedanke, der Liebig so ganz und gar erfasst hatte und tyrannisch beherrschte, dass von all dem, was auf Erden lebt, mit der leblosen, unorganischen Natur stofflich nur die Pflanze verkehre, und diese ganz ausschliesslich nur mit Hilfe der unorganischen mineralischen Stoffe zu complicirteren neuen Stoffbildungen organischer Natur gelange, und dass dem entgegen das Thier nur von der Pflanze lebe; dass also das Leben der Pflanze die einfachen Stoffe, wie sie in Luft und Erde als Kohlensäure, Wasser, Ammoniak und feste Mineralstoffe enthalten sind, unter dem Einflusse der Sonne zu den vielfach zusammengesetzten organischen Verbindungen vereinige, dass aber das Leben des Thieres diese organischen Verbindungen schon voraussetze, die das Thier unter dem Einflusse des Sauerstoffes, den es aus der Luft aufnimmt, wieder rückwärts in die einfachen unorganischen Stoffe verwandle, aus welchen sie die Pflanze unter Ausscheidung von Sauerstoff in die Luft zusammengesetzt habe. Dieser einfache Kreislauf des Stoffes in der belebten Natur war es, der Liebig und Andere in solche Aufregung versetzte, und der in den kleinen Aquarien, Liebig's Welt im Glase genannt, bald einen beliebten populären Ausdruck fand.

Dieser Gedanke begeisterte Liebig und hob ihn auf eine ideale Höhe, von der aus sich ihm Aussichten eröffneten, die Anderen noch verschlossen lagen, und diese Begeisterung riss ihn auch hin, dem sofort Ausdruck zu geben, was er, wenn auch erst in der Ferne, geschaut, von dem Manches wieder anders erscheinen mochte, während man dem Ziele allmälig nah und näher kam. Um aber dieses Ziel zu erreichen, fing Liebig nun an, alle Hindernisse zu brechen und niederzureissen, welche noch zwischen ihm und seinem Ideale lagen und standen, selbst auf die Gefahr hin, ein Verwüster dessen zu erscheinen, was Andere noch immer als zurechtbestehend ansahen.

Der Weg, den Liebig in der Entwicklung seiner Agrikulturchemie nahm, war lang und mühsam, ein Anderer hätte wohl dreimal so lang dazu gebraucht, als er. Geistige Kraft, unversiegliche Ausdauer und gute Methode halfen ihm auch da wieder. Die erste grosse Arbeit, welche er in Angriff nahm, war die Untersuchung einer möglichst grossen Reihe von Pflanzenarten und Pflanzentheilen auf ihren Gehalt an Asche und deren Zusammensetzung und von verschiedenen Standorten. Er hielt wenig von und begnügte sich nicht mit Bodenanalysen, die man bisher für eine so wichtige Sache gehalten hatte, besonders wie viel Humus ein Boden enthielt, sondern er wollte hauptsächlich nur sehen, was jede Pflanze mit dem Boden thut, auf dem sie wächst.

Da ergab sich nun sehr bald, dass alle Pflanzen qualitativ die gleichen mineralischen Bestandtheile in ihrer Asche hinterlassen, dass aber doch wieder jede Pflanzenart sozusagen ihre eigenthümliche Asche liefere, insofern verschiedene Arten, auch wenn sie nebeneinander auf gleichem Boden wachsen, diesem ihre mineralischen Bestandtheile doch in sehr verschiedener Menge entnehmen. Es ergab sich sehr bald, dass der Waizen, der Roggen, die Gerste etc. ihre bestimmten eigenen Aschenmischungen haben, ebenso wieder die Fruchtkörner einer Getreideart gegenüber dem entsprechenden Stroh.

Da es nicht genügt hätte, die Asche von einer Pflanze, von einem bestimmten Felde, von einer bestimmten Gegend kennen zu lernen, sondern es erforderlich war, sie von möglichst viel Pflanzen und möglichst viel Feldern und Gegenden zu kennen, so veranlasste Liebig Aschenanalysen überall. Wie ein Kaufmann Geschäftsbriefe schreibt, schickte er Briefe um Aschenanalysen in die Welt, als wäre er nur Aschensammler geworden. Um die Arbeit für Jeden, der sich der Mühe unterziehen wollte und konnte, bequem und sicher zu machen, hatten seine Schüler und Assistenten Will und Fresenius eine vortreffliche Methode der Aschenanalyse ausgearbeitet und veröffentlicht. In verhältnissmässig kurzer Zeit wurden von den verschiedensten Pflanzen- und Pflanzentheilen, von den verschiedensten Standorten Tausende von Bestimmungen gemacht.

Das Ergebniss der wissenschaftlichen Untersuchung, dass jede Pflanzenart dem Boden eine bestimmte Menge mineralischer Stoffe und in einer bestimmten Mischung entziehe, die sich in der Asche wiederfinden, und seine Ansicht, dass die Pflanzen das Material, was sie ausserdem zur Bildung der an der Luft wieder verbrennlichen Stoffe bedürfen, mit Hilfe ihrer Blätter und Wurzeln aus der Atmosphäre beziehen, in der es in der Form von Kohlensäure, Wasser und Ammoniak in einem nicht zu erschöpfenden Vorrathe enthalten sei, übertrug Liebig nun ohne Weiteres auf die Praxis, den Satz aufstellend, dass man einem Waizen- oder Korn-Acker, um ihn fortwährend fruchtbar zu erhalten, nur die Mineralbestandtheile wiederzugeben habe, welche man ihm durch die Ernten entzieht; für alles Uebrige sorge schon die Atmosphäre und die physikalische Beschaffenheit des Bodens, welche in der Landwirthschaft durch die Mechanik des Feldbaues geregelt werde.

Liebig veranlasste den Sodafabrikanten Muspratt in Liverpool, sich darauf einzurichten, den Landwirthen Mineraldünger für Waizen-, Roggen-, Hafer-, Klee-, Kartoffel- etc. Felder zu liefern. Die verschiedenen Düngerarten wurden nach einer von Liebig erfundenen Methode bereitet, deren Schwerpunkt darin lag, dass durch Zusammenschmelzen mit kohlensaurem Kalke namentlich die in Wasser für sich leicht löslichen Nährsalze in eine schwer lösliche Form gebracht wurden, damit nicht der Regen sie auf dem Felde sofort entführe und ausserhalb des Bereiches der keimenden Samen und ihrer Wurzeln bringe.

So überzeugt Liebig von der Richtigkeit seiner Mineral-Theorie war, ebenso überzeugt war er auch von der Wirksamkeit

seines Mineral-Düngers. Es kam aber anders, als er gedacht
hatte, sein grosser Genius sollte schwer geprüft werden.
Die englischen Landwirthe sahen keinen Erfolg von der Anwendung des künstlichen Mineral-Düngers, kauften das nutzlose
Zeug nicht länger, kehrten wieder zu ihrem Miste und sonstigen
Mitteln zurück und die Fabrik in Liverpool hörte wieder auf zu
arbeiten. Ja, Liebig war es beschieden, sich durch eigene Kulturversuche in Giessen selbst überzeugen zu müssen, dass sein Mineral-
Dünger einen unfruchtbaren Boden nicht wesentlich fruchtbarer zu
machen im Stande sei. Ein einziger Hoffnungsstrahl ging ihm
nach Jahren der Erfolglosigkeit wieder auf; es zeigte sich auf
den Feldern, die Liebig anfangs erfolglos gedüngt hatte, dass
ihr Ertrag nach längerer Zeit, als er sie schon nicht mehr düngte,
sichtlich zunahm. Aber auch das war nur wieder ein neues Räthsel
für ihn.

Inzwischen hatten sich alle seine Gegner aufgemacht, nicht
nur um die Nutzlosigkeit des Mineral-Düngers darzuthun, sondern
überhaupt die Mineraltheorie zu stürzen und zu zeigen, dass man
in der Landwirthschaft andere Wege einschlagen müsse, um zu
praktischen Zielen zu gelangen. In den Vordergrund trat ein englischer Landwirth Lawes, der sich bald mit einem tüchtigen
Chemiker Guilbert verband, und dann auf einem seiner Güter
mit den verschiedensten Düngerarten, die sie fabricirten, und in
den verschiedensten Richtungen experimentirte. Es wurde gezeigt,
dass je löslicher ein Dungstoff ist, desto mehr Wirkung er habe;
dass die Erträgnisse eines Feldes steigen, oft wenn nur etwas Kochsalz darauf gebracht wird, namentlich dass mit Schwefelsäure aufgeschlossene Knochenasche, sogenanntes Superphosphat für sich
ganz allein schon die Erträgnisse oft enorm steigere, dass aber vor
Allem Ammoniak und Ammoniaksalze, oder wie man sich zuletzt
schlechtweg ausdrückte, Stickstoff den Feldern zugeführt werden
müsse, um hohe Ernten zu erzielen, und man taxirte eine Zeit
lang den Werth eines Düngers sogar lediglich nach seinem Stickstoff- oder Ammoniakgehalte, während Liebig's Theorie doch auf
die Atmosphäre als hinreichende und unaufhörliche Ammoniakquelle
hingewiesen hatte. Seine Gegner schaarten sich zu dieser Zeit
förmlich unter der Fahne dieser Partei, die „Stickstöffler"
hiessen, sie glaubten, Liebig für immer aus dem Felde geschlagen
zu haben.

Trotz alldem blieb Liebig stark im Glauben, im Glauben an
seine Theorie, und beugte sich vor allen praktischen Misserfolgen

nicht. Hie und da schlug er um sich mit einer heftigen Polemik, besonders gegen die Beweiskraft der Versuche von Lawes gegen die theoretische Giltigkeit seiner Lehre, aber ohne den gewünschten Erfolg; der Präsident der englischen Agrikulturgesellschaft Pusey stellte sich um so entschiedener nur auf die Seite des Praktikers Lawes.

Da die grosse Menge bekanntlich stets nur nach dem Erfolge urtheilt, wurde die Zahl der begeisterten Leser der Chemie in ihrer Anwendung auf Agrikultur und Physiologie, von welchem Buche man anfangs nicht genug drucken konnte, immer geringer, und von 1846 an erschien keine neue Auflage mehr.

Man darf aber nicht denken, dass desshalb die Liebig'schen Lehren ihrem Untergange nahe gewesen wären, denn diese waren still und geräuschlos durch seine zahlreichen Schüler in fast alle landwirthschaftlichen Schulen, ja theilweise selbst in die praktische Landwirthschaft schon eingedrungen, und hatten sich da wie gesunde Wurzeln im Boden verbreitet. Die landwirthschaftlichen chemischen Versuchsstationen, deren erste in Sachsen entstand, experimentirten vielfach darnach, und es ergaben sich immer mehr und mehr Thatsachen dafür, wie richtig und fruchtbar die wissenschaftlichen Grundsätze sind, welche zum patentirten Mineral-Dünger geführt haben, wenn auch dieser sich unbrauchbar erwies, und die Liebig'sche Mineraltheorie hätte sich erhalten und fertig entwickelt, auch wenn ihr Urheber und Begründer schon damals seine ganze Thätigkeit in dieser Richtung für immer eingestellt hätte, oder aus diesem Leben abgerufen worden wäre: — aber es sollte Liebig noch vorbehalten sein, selbst mit eigener Hand den Schlussstein in dem Gebäude einzusetzen, dessen grossen Plan sein kühner Geist entworfen hatte, und bei uns in München sollte das geschehen.

Seit dem Jahre 1845 hatte sich Liebig zu Giessen in seinen Untersuchungen mehr und mehr dem zweiten Theile seiner Aufgabe, die er sich 1840 gestellt, der Anwendung der Chemie auf die Thierphysiologie zugewendet, und so traf ich ihn dort in voller Arbeit Ende des Jahres 1851, als mich König Max II. dahin geschickt hatte, um mit Liebig Unterhandlungen wegen seiner Berufung nach München anzuknüpfen. Liebig hatte während seiner ruhmvollen Laufbahn so viele Berufungen ausgeschlagen, erst kurz zuvor wieder eine sehr glänzende nach Heidelberg, dass man damals in München geringe Hoffnung hegte, den berühmten Gelehrten zu gewinnen, aber es gelang dennoch, Liebig günstig für München zu stimmen. Er erschwerte die Unterhandlungen nicht im Geringsten durch zu hochgehende Forderungen — zu seiner Ehre sei das hier erwähnt — und verlangte nur, dass er nicht die Verpflichtung zu übernehmen habe, ein so grosses Laboratorium zu führen, wie er es seither in Giessen gethan, um mehr Zeit für seine eigenen Arbeiten zu gewinnen. Seine Uebersiedlung erfolgte im Herbste 1852, als er in seinem 49. Lebensjahre stand.

Nach einiger Zeit nahm Liebig in München auch seine agrikulturchemischen Arbeiten wieder auf, die nun wesentlich dahin zielten, die Richtigkeit seiner Mineraltheorie zu erhärten, und zugleich die Ursachen zu finden, warum sein Mineral-Dünger nicht die gehoffte Wirkung hatte, und warum der Stallmist, ja oft bloss Ammoniaksalze allein schon eine so grosse Wirkung haben. Alles ist ihm endlich gelungen. Er bewies zur Evidenz, dass jede Feldwirthschaft ein Raubbau ist, welche nicht alle Mineralstoffe, welche mit einer Ernte von einem Grundstücke weggenommen werden, demselben durch irgend eine Art der Düngung wiedergibt, und dass wenn an dem vollen Ersatze jährlich auch nur das Geringste mangelt, es nur mehr eine Frage der Zeit ist, wann der Acker oder die Wiese aufhören werden, ertragsfähig zu sein.

Endlich wurde ihm auch klar, dass die Scholle, welche der Landmann pflügt, die Ackerkrume im Processe der Ernährung der Pflanzen eine bisher unbegriffene Rolle spiele. Bisher hatte man sich vorgestellt, zur Ernährung der Feldfrüchte trage, abgesehen von den luftförmigen Nahrungsstoffen nur bei, was im Wasser des Bodens gelöst, wenn auch schwer löslich sei, man erklärte die günstige Wirkung der Brache durch allmäliges Verwittern und Löslichwerden gewisser Bestandtheile, und man glaubte genug zu thun, wenn man dahin strebte, den Boden, wie man sagte, aufzuschliessen, seine Bestandtheile löslich zu machen und sie im Wasser gelöst von den Wurzeln der Pflanzen aufsaugen zu lassen. Man hatte sich den Wachsthum der Landpflanzen eigentlich nicht anders, als wie den der Wasserpflanzen vorgestellt.

Liebig fand nun, dass es bei den Feldfrüchten, überhaupt bei den Landpflanzen gerade umgekehrt sei, dass diese von Nährstoffen leben, welche im Wasser wohl einmal gelöst waren, aber vom Boden, von der Ackerkrume dem Wasser wieder entzogen und in diesem unlöslich gemacht worden sind. Liebig ermittelte die Absorptionskraft, den Sättigungspunkt verschiedener Bodenarten für die in Wasser gelösten mineralischen Nährstoffe der Pflanzen, und fand die grossen Unterschiede nicht nur zwischen verschiedenen

Bodenarten, sondern auch zwischen ein und derselben Bodenart für verschiedene Nährstoffe. Er fand z. B., dass ein Liter

Kalkboden von Cuba	1360 Milligramme Kali,	
Bogenhauser Lehmerde	2260	„ „
Erde aus Weihenstephan	2601	„ „
Erde aus Ungarn	3377	„ „
Münchener Gartenerde	2344	„ „

absorbire, und dass, wenn ein bestimmtes Gewicht Ammoniak in Wasser gelöst auf seinem Wege durch die Bogenhauser Lehmerde eine Tiefe von 10 Centimeter erreicht, die gleiche Menge Kali 11 Centimeter, und die gleiche Menge phosphorsaurer Kalk in kohlensäurehaltigem Wasser gelöst $23\frac{1}{2}$ Centimeter tief eindringt und den Boden sättiget.

Die Rolle des Wassers im Boden ist demnach eine doppelte, es hat nicht bloss in die Pflanzen überzugehen, deren normalen Wassergehalt zu liefern, und in dem Maasse, als dieser durch Verdunstung abnimmt, ihn wieder herzustellen, sondern auch zur Uebertragung der Nährstoffe an die Ackerkrume zu dienen, aus welcher sie dann die Wurzeln saugen. So gut die Wurzeln dem Boden die von diesem unlöslich gemachten Mineralstoffe zu entziehen vermögen, ebenso entziehen sie ihm auch selbst hygroskopisch gebundenes Wasser, das sich dann aus der Atmosphäre immer wieder auch ohne Regen bis zu einem gewissen Grade ersetzen kann.

Die Absorptionskraft der Ackererde für derartige in Wasser gelöste Stoffe war keine neue Entdeckung von Liebig, lange vor ihm hatten die englischen Chemiker Thomson und Way diese merkwürdige Eigenschaft des Bodens und anderer poröser Körper gefunden, — aber weder die Entdecker noch Liebig vermochten bis dahin mit dieser Thatsache etwas anzufangen, und entscheidende Schlüsse für die Landwirthschaft daraus zu ziehen; denn diese Eigenschaft des Bodens musste eher nachtheilig als vortheilhaft erscheinen, weil man es für die Aufgabe hielt, die Nahrungsstoffe im Boden nicht unlöslich, sondern löslich zu machen. Erst Liebig ging der principielle Gedanke auf, dass die Ackererde ähnlich wie das Wasser, nur in ganz umgekehrter Weise, sich mit Stoffen bis zu einem gewissen Grade sättigen könne, ohne sich chemisch mit ihnen zu verbinden, dass, wie z. B. festes Kochsalz mit Wasser in Berührung flüssig werde und in's Wasser übergehe, ohne seine Natur zu ändern oder sich mit dem Wasser chemisch zu verbinden, so die mineralischen Pflanzennährstoffe im Wasser gelöst in Berührung mit Erde wieder fest werden und in die Erde übergehen, ohne in ihrer chemischen Zusammensetzung geändert zu werden. Liebig erkannte nun, dass die Landpflanzen mit ihren Wurzeln dem Boden die Stoffe entziehen, welcher dieser dem Wasser entzogen und in Wasser unlöslich gemacht hat. Nun sättigte er unfruchtbare Torferde aus Schleissheim mit mineralischen Nahrungsstoffen der Pflanzen. Wasser, durch solche Erde filtrirt, vermochte dieser nicht mehr das Geringste zu entziehen, aber Getreide, Erbsen, Bohnen u. s. w. gediehen in diesem sonst unfruchtbaren Moorboden auf das üppigste, und trugen mehr als hundertfache Früchte. Die feinen Wurzeln wussten herauszuziehen, was kein Wasser mehr aufzulösen im Stande war.

Jetzt wusste Liebig auch, warum sein Mineral-Dünger keine oder fast keine Wirkung hatte: er hatte mit Aufgebot von viel chemischem Scharfsinn durch einen Schmelzprozess gewisse Bestandtheile, namentlich das Kali und die Phosphate in Wasser fast unlöslich gemacht und diese wichtigen Stoffe glücklich verhindert, in Wasser gelöst in die absorbirende Ackerkrume überzugehen. Als ihm dieser alte Irrthum wie Schuppen von den Augen gefallen war, so sah er das Ziel klar und ganz nahe vor sich, nach dem er so lange vergeblich gestrebt.

Nachdem seine Agrikulturchemie seit 1846 keine neue Auflage mehr erlebt hatte, erschien nun 1862 das grosse Werk in zwei Bänden: der chemische Prozess der Ernährung der Vegetabilien und die Naturgesetze des Feldbaues. Damit hat Liebig seinen wissenschaftlichen Bau der Landwirthschaft vollendet und gekrönt, seine Lehre ist jetzt von allen Seiten anerkannt, und keinem denkenden Landwirthe fällt es jetzt mehr ein, zu glauben, er brauche nur Superphosphat oder Stickstoff oder Guano zuzuführen, und dann würden seine Felder ewig fruchtbar bleiben. Jetzt handelt es sich in der Landwirthschaft nur mehr um die besten Mittel und Methoden, der Theorie von Liebig in allen Theilen gerecht zu werden. Die deutschen Landwirthe haben dies auch durch Gründung der Liebig-Stiftung erst vor wenigen Jahren dankbar anerkannt.

Wie mächtig und wie tief der Eindruck war, den diese in München gefundenen Wahrheiten auf Liebig's ganze Seele gemacht haben, geht am deutlichsten aus seinen eigenen Worten hervor: Er sagt in der Einleitung zu seinem grossen Werke von 1862:

„Was mir einen wahren, dauernden und nie sich mildernden Kummer machte, dies war der Umstand, dass ich nicht einzusehen vermochte, woran es lag, dass meine Dünger so langsam wirkten; überall in tausenden von Fällen sah ich, dass jeder ihrer Bestandtheile wirkte, jeder allein, und wenn sie beisammen waren, wie in meinem Dünger, so wirkten sie nicht."

„Endlich vor drei Jahren, nachdem ich alle Thatsachen einer neuen und aufmerksamen Prüfung Schritt vor Schritt unterworfen hatte, entdeckte ich den Grund! Ich hatte mich an der Weisheit des Schöpfers versündigt und dafür meine gerechte Strafe empfangen, ich wollte sein Werk verbessern, und in meiner Blindheit glaubte ich, dass in der wundervollen Kette von Gesetzen, welche das Leben an der Oberfläche der Erde fesseln und immer frisch erhalten, ein Glied vergessen sei, was ich, der schwache ohnmächtige Wurm, ersetzen müsse. Es war aber dafür gesorgt, freilich in so wunderbarer Weise, dass der Gedanke an die Möglichkeit des Bestehens eines solchen Gesetzes der menschlichen Intelligenz bis damals nicht zugänglich war, so viele Thatsachen auch dafür sprachen; allein die Thatsachen, welche die Wahrheit reden, werden stumm oder man hört nicht, was sie sagen, wenn sie der Irrthum überschreit. So war es denn bei mir. Die Alkalien, bildete ich mir ein, müsste man unlöslich machen, weil sie der Regen sonst entführe! Ich wusste damals noch nicht, dass sie die Erde festhalte, sowie ihre Lösung damit in Berührung komme, denn das Gesetz, zu welchem mich meine Untersuchungen über die Ackerkrume führten, heisst: an der äussersten Kruste der Erde soll sich unter dem Einfluss der Sonne das organische Leben entwickeln — und so verlieh denn der grosse Baumeister den Trümmern dieser Kruste das Vermögen, alle diejenigen Elemente, welche zur Ernährung der Pflanzen und damit auch der Thiere dienen, anzuziehen und festzuhalten, wie der Magnet Eisenfeile anzieht und festhält, so dass kein Theilchen davon verloren geht. In dieses Gesetz schloss der Schöpfer ein zweites ein, wodurch die Pflanzen tragende Erde ein ungeheurer Reinigungsapparat für das Wasser wird, aus dem sie durch das nämliche Vermögen alle der Gesundheit der Menschen und Thiere schädlichen Stoffe, alle Produkte der Fäulniss und Verwesung untergegangener Pflanzen- und Thiergenerationen entfernt."

Lassen Sie mich, ehe ich zum Schlusse komme, nun einen Blick auch noch auf den Einfluss Liebig's auf die Thierphysiologie werfen. Ich kann mich da kürzer fassen, da die Art und Weise seines Vorgehens in dieser Richtung naturgemäss keine wesentlich andere war, als in der Agrikulturchemie. Auch diese

Richtung hatte sich in ihm auf dem Boden der exakten organischen Chemie entwickelt. Die Aufnahme von organischer Nahrung und die unter Aufnahme von Sauerstoff rückwärts schreitende Stoffmetamorphose vom Hochzusammengesetzten zum Einfachen, zum Unorganischen, vom Eiweiss und Fett zu Harnsäure, Harnstoff, Kohlensäure, Wasser, Ammoniak und Aschenbestandtheilen war es, was ihn zunächst anzog, ähnlich, wie er bei den Pflanzen den umgekehrten Weg verfolgte. Als rein chemische, seine Richtung typisch bezeichnende, sozusagen propädeutische Arbeit kann die Untersuchung über Veränderungen der Harnsäure unter dem Einflusse oxydirender Mittel angesehen werden, welche von 1837 an Liebig gleich der Untersuchung für das Benzoyl gemeinschaftlich mit seinem Freunde Wöhler ausgeführt hat, dem 10 Jahre früher die Synthese des Harnstoffes aus seinen Elementen, das erste Beispiel der künstlichen Darstellung eines organischen Körpers aus unorganischen, gelungen war. Die Arbeit über die Harnsäure steht auch heutzutage noch als ein klassisches Muster vor uns.

Man kann die Arbeiten Liebig's in thierphysiologischer Richtung in zwei Klassen theilen, in eine, welche der Ermittlung des stofflichen Bestandes, lediglich der chemischen Analyse verschiedener Organe und Excrete gewidmet war, und in eine andere, welche die Rolle der chemisch ermittelten Stoffe in physiologischen Vorgängen zu deuten suchte. Zur ersten Klasse hat nicht bloss Liebig, sondern haben auch seine Schule und Andere sehr viel beigetragen: ich erinnere an die Arbeiten über das Fleisch, über den Harn, über Blut, über die procentische Zusammensetzung der Eiweisskörper, über die Galle, welche theils er selbst, theils seine Schüler und Andere ausgeführt haben. So nothwendig diese Arbeiten für die Physiologie waren, so sehr sie unsere Kenntnisse in vieler Hinsicht erweiterten und bereicherten, so viel chemisches Kapital darin niedergelegt ist, so wären sie doch nie im Stande gewesen, so die allgemeine Aufmerksamkeit zu erregen, als sie der zweite Theil seiner Arbeiten hervorgerufen hat, den er vorwaltend sich allein vorbehalten, nämlich klar auszusprechen, was nach seiner Ansicht alle diese Stoffe im lebenden Körper für eine Bedeutung haben.

Die Physiologie zerfällt hauptsächlich in eine anatomisch physikalische und in eine organisch chemische Abtheilung. Um die erstere kümmerte sich Liebig so viel wie gar nicht, und auch in der zweiten trat er nur als reiner Chemiker auf, sagte aber den Physiologen von seinem chemischen Laboratorium aus, ohne je einen physiologischen Versuch zu machen oder gemacht zu haben, sehr bestimmt, wie man die chemischen Vorgänge im Organismus anzusehen habe. Das war eine Stärke, aber auch zugleich eine Schwäche seines Standpunktes. Dass er trotz dieser Schwäche noch eine solche Wirkung auf die Entwicklung der Physiologie im Ganzen und im Einzelnen ausgeübt hat, dass es kein Physiologe in Abrede stellen kann, ist ein unzweideutiger Beleg für seine Stärke auf der anderen Seite. Es war, beim Lichte betrachtet, bei der Agrikulturchemie eigentlich auch nicht viel anders, auch da machte er sich von seinem rein chemischen Standpunkte aus zuerst eine Theorie des Feldbaues zurecht, und appellirte erst nachträglich an die landwirthschaftliche Praxis, aber der Fall lag doch viel einfacher und sein Angriff auf dem physiologischen Gebiete war noch viel kühner und schwieriger, denn da commandirte er nicht.im Geringsten über die landesüblichen Streitkräfte, über das physiologische Experiment. Mir wenigstens ist kein einziger Versuch bekannt, den Liebig je an einem lebenden Thiere oder Menschen selber gemacht hätte, man müsste denn dafür nehmen wollen, dass er einmal ermittelte, wie viel die Giessener Garnison von 856 Mann während eines Monats an Kartoffeln, Brod, Fleisch, Linsen, Erbsen, Bohnen etc. in der Menage verzehrte und wieder entleerte, bei welchem Stoffwechselversuche übrigens Manches ausser Ansatz blieb, was zu erheben nothwendig gewesen wäre, so dass auch eine viel zu grosse Ausscheidung von Kohlenstoff durch Haut und Lungen (über 27 Loth in 24 Stunden) beziffert wurde.

Bei jeder Wissenschaft lässt sich nachweisen, dass ihre Entwicklung nicht minder von der Auffindung und Feststellung von Thatsachen, was ich naturwissenschaftliche Praxis nennen möchte, als auch von den Schlüssen, die man daraus zieht, überhaupt von der Verbindung und dem Zusammenhange beeinflusst wird, in welchen Thatsachen und Schlüsse von der Theorie gebracht werden. Ich möchte Praxis und Theorie in den Naturwissenschaften mit Armee und Diplomatie im Staatsleben vergleichen. Die Diplomatie führt keine thatsächlichen Kriege, aber sie veranlasst sie doch nicht selten, und dann allerdings müssen in Folge diplomatischen Einflusses die Soldaten, Versuche gegen Versuche, frisch ausgehobene Thatsachen gegen Thatsachen marschiren, und es zeigt sich, wer zur Zeit der Stärkere ist.

Auf dem Gebiete der reinen Chemie war Liebig Soldat und Diplomat zugleich, ja einer der grössten Feldherrn. Auf dem Gebiete der Physiologie war Liebig eigentlich nur Diplomat, aber er hat da Bewegungen und Kämpfe veranlasst, welche viel geklärt haben, welche der Physiologie nur zum Vortheil gereichen, wenn beim Friedensschluss auch einige Punkte anders protokollirt werden, als die ursprünglichen Forderungen lauten. Die Bestimmtheit seines ganzen Wesens veranlasste Liebig auch da, sofort bestimmt auszusprechen, was nach seiner Ansicht sein sollte, was er meinte, dass Rechtens sei, unbekümmert darum, ob das eine oder andere Titelchen noch angestritten werden könnte oder nicht. So hatte z. B. Lavoisier gesagt, dass die thierische Wärme von Oxydationsprozessen, von einer Art Verbrennung der kohlenstoff- und wasserstoffhaltigen Substanzen im Körper herrühre. Dulong und Despretz bewiesen nun durch den Versuch am Thiere, dass das wirklich bis zu $\frac{9}{10}$ wahr, d. h. nachweisbar sei. Liebig suchte nun auf rein theoretischem Wege die Richtigkeit des Satzes darzuthun, dass alle thierische Wärme wirklich nur von chemischen Prozessen im Körper herrühre, und folgerte aus den calorimetrischen Versuchen von Dulong und Despretz nicht, wie viele andere, dass das noch nicht nachgewiesene letzte $\frac{1}{10}$ der thierischen Wärme auf andere Art entstehe, z. B. durch Nerveneinfluss, gab sich auch gar keine Mühe, dieses letzte $\frac{1}{10}$ selber nachzuweisen, sondern schob einfach der Gegenpartei den Beweis zu, dass das Thier, welches während des Versuches in einem mit Eis umgebenen Kasten sich befand, nicht um $\frac{1}{10}$ kühler geworden sei. Und der Gegenbeweis ist bis zur Stunde noch nicht geliefert worden.

Die Ernährung der Thiere und Menschen kümmerte ihn bekanntlich nicht minder, als die Ernährung der Pflanzen. Wie verschieden ist die Nahrung verschiedener Thiere und der Menschen, und wie chemisch gleich doch ihre Körpersubstanz! Man findet keinen wesentlichen Unterschied im Fleische des Vogels, des Ochsen oder des Menschen, Kuhmilch kann Muttermilch ersetzen, und physiologisch ist die Mythe gar keine Unmöglichkeit, dass die Gründer und Erbauer Roms von einer Wölfin gesäugt worden sind. Der Stoffwechsel eines Grasfressers, so lange er hungert, bis er wieder seine gewöhnliche Nahrung aufnimmt, unterscheidet sich in keinem Verhältniss von dem Stoffwechsel eines Fleischfressers, denn so lange er nicht frisst, muss er vom eigenen Körper, vom eigenen Fleische zehren. Was ist nun das Gemeinsame in diesen tausend Dingen, die verzehrt werden, die Einheit in dieser Vielheit? Der menschliche Geist hat sich mit dieser Frage schon seit Jahrtausenden beschäftiget, und Voit hat von derselben Stelle aus, von der ich jetzt zu Ihnen spreche, und sogar bei der nämlichen feierlichen Veranlassung, welche die Akademie auch heute hier zusammenruft, schon vor 6 Jahren mit musterhafter Klarheit und Wahrheit gesagt, was von Hippokrates an bis zum Jahre 1840 zu verschiedenen Zeiten auf diese, die ganze Menschheit so nahe berührende Frage geantwortet wurde. Gerade vor Liebig's Auftreten hatten die zur Feststellung des Nahrungsbegriffes von Magendie und Anderen gemachten Ernährungsversuche Resultate geliefert, welche die Frage nur noch verwickelter und dunkler zu machen schienen, und Voit sagte damals darüber: „Dieses Dunkel sollte glänzend erleuchtet werden durch einen Mann, der in unserer Mitte weilt. Man wird mich nicht der niedrigen Schmeichelei bezichtigen, wenn ich der Verdienste des Lebenden und Gegenwärtigen gedenke, denn diese sind so allgemein anerkannt, dass sie der Geschichte angehören." Liebig trat zuerst mit der bestimmten Ansicht hervor, dass das Thier die Hauptbestandtheile seines Blutes und damit auch seines ganzen Körpers, der sich daraus bildet und nährt, stofflich schon fertig in seiner Nahrung vorfinden müsse, und dass deren Ursprung und wesentliche Bestandtheile nur in der Pflanze zu suchen sind, denn die Existenz auch des Fleischfressers setzt die des Pflanzenfressers, und dieser das Leben der Pflanze voraus. Liebig hat gesagt: „Die Nahrung der Menschen und Thiere besteht aus zwei in ihrer Zusammensetzung von einander durchaus verschiedenen Stoffen. Die eine Klasse (die stickstoffhaltigen, eiweissartigen Stoffe) dient zur Bildung des Blutes und zum Bau der geformten Theile des Körpers (und diese werden plastische Nahrungsmittel genannt), die anderen (stickstofffreien, Fette und sogenannte Kohlehydrate) sind ähnlich dem gewöhnlichen Brennmaterial und dienen nur zur Wärmeerzeugung (sie werden Respirationsmittel genannt). Der Zucker, das Stärkmehl, das Gummi können als umgewandelte Holzfaser (wie wir sie denn auch aus dem Holze darzustellen vermögen) angesehen werden. Das Fett steht in seinem Kohlegehalt der Steinkohle am nächsten. Wir heizen unsern Körper ähnlich, wie dies bei einem Ofen geschieht, mit Brennmaterialien, welche die nämlichen Elemente wie Holz und Steinkohle enthalten, die sich aber sehr wesentlich durch ihre Löslichkeit in den Säften des Körpers davon unterscheiden." Darauf beruht Liebig's Eintheilung aller Nahrungsstoffe in blutbildende oder plastische, und in wärmeerzeugende oder Respirationsmittel, welche wegen ihrer Einfachheit und Uebersichtlichkeit bis zum heutigen Tage fast ausnahmslos noch festgehalten wird, obschon die Definition, welche Voit in neuerer Zeit von einem mehr physiologischen als chemischen Standpunkte ausgehend gegeben hat, auch sehr einfach ist, und auf einem ganz richtigen physiologischen Standpunkte steht. Voit theilt die Nahrungsstoffe nicht nach ihren möglichen Wirkungen, sondern lediglich nach ihrer stofflichen Bedeutung für den Körper ein, und stellt die Frage nur darauf, was in der Nahrung gereicht werden muss, um beim Stoffwechsel den Verlust an Eiweiss, Fett, Salzen, Wasser und Sauerstoff zu verhüten, und welchen Antheil jeder einzelne Bestandtheil der Nahrung daran hat. Ausschliesslich von den genannten Stoffen lebt der Mensch und das Thier, und zehrt auch in den Pausen, welche zwischen die Mahlzeiten fallen und im Hungerzustande davon. Damit die Nahrung für den Organismus wirklich verwerthbar, aufnehmbar werde, muss sie, wie Voit richtig hervorhebt, auch noch Genussmittel enthalten, d. h. Stoffe, welche auf gewisse Nerven wirken, welche die Thätigkeit der Verdauungs-Apparate beherrschen. Diese Definition umfasst nicht nur die festen, sondern auch die flüssigen und luftförmigen Bestandtheile der Nahrung, sie ist vollständiger und richtiger als die Liebig'sche, aber nicht jedem Laien so fasslich, so dass ihr diese beim grossen Publikum noch lange das Feld streitig machen wird, obschon jetzt bereits durch Versuche erwiesen ist, dass selbst bei den grössten Kraftäusserungen nicht mehr blutbildende, sogenannte krafterzeugende Stoffe im Körper verbraucht werden, als bei absoluter Ruhe, hingegen gerade viel mehr von der zweiten Klasse, von den nicht plastischen, von den sogenannten respiratorischen oder wärmeerzeugenden Stoffen, aber ohne dass dadurch die Wärme eines gesunden Körpers auch nur im Geringsten zu-, sondern eher abnimmt.

Ein weiteres grosses Verdienst Liebig's um die Ernährungslehre ist, dass er den Satz aufstellte, es komme nicht bloss darauf an, dass man blutbildende und wärmeerzeugende Stoffe geniesse, sondern dass man sie auch in bestimmten Verhältnissen geniesse, welche sich gewissen Zuständen und Leistungen des zu ernährenden Körpers anzupassen haben. Er suchte auch die Aequivalenz festzustellen, in welcher sich die einzelnen Stoffe gegenseitig vertreten können, z. B. dadurch, dass er bloss berechnete, wie viel man von einem Kohlehydrat braucht, um damit dieselbe Wärmemenge zu liefern, wie mit einem bestimmten Gewichte Fett. Er hat auch dies in seiner gewöhnlichen Art und Weise vom rein chemischen Standpunkte aus gethan, ohne je eine Frage an den lebenden Körper selbst zu richten, ob denn der damit auch so ganz einverstanden sei. Da hat sich nun allerdings Manches anders gezeigt, als

Liebig vorausgesetzt, sobald man anfing, nach diesen Grundsätzen Organismen wirklich zu füttern, gleichwie seinerzeit auch der Acker nicht die von Liebig auf seinen Mineraldünger erwartete Antwort gegeben hat, — aber es ist zum Staunen, dass sich trotz Allem so viel bestätigt hat, und Niemand kann Liebig das grosse Verdienst streitig machen, auch in dieser Richtung, bloss auf diplomatischem Wege bahnbrechend für alle Zeiten gewirkt zu haben.

Was Liebig zu einer gewissen Zeit viel beschäftigte und aufregte, war die Fettbildung im Thierkörper. Ich weiss das nicht besser und kürzer zu sagen, als es Voit bereits in seiner Rede über die Theorien der Ernährung gethan hat: „Dass das Eiweiss und die stickstoffhaltigen Materien im Thierkörper nur aus Eiweiss in der Nahrung hervorgehen, darüber war man schon lange einig gewesen; grosse Differenzen herrschten aber bis jetzt über die Materialien, aus denen das Fett hervorgeht, und doch ist es für die Praxis so unendlich wichtig, gerade hierüber sichere Kenntniss zu besitzen. Man hatte anfangs die Ansicht, welche vorzüglich von zwei ausgezeichneten französischen Chemikern, Dumas und Boussingault, vertheidigt wurde, das Fett bilde sich nur aus dem in der Nahrung eingeführten Fett. Liebig aber erkannte bald das Ungenügende dieser Anschauung, er berechnete auf das Ueberzeugendste, dass das Fett der Nahrung, namentlich bei den Pflanzenfressern, bei Weitem nicht zur Erzeugung des im Körper abgelagerten Fettes hinreiche und dass die Kohlehydrate vom grössten Einflusse für den Fettansatz seien." — Aus diesen feststehenden Thatsachen zog nun Liebig den Schluss, das Fett bilde sich hauptsächlich und vorzugsweise aus den stickstofffreien Bestandtheilen der Nahrung, die wir in der Form von Stärkmehl, Zucker, überhaupt in der Form der Kohlehydrate geniessen. Es entspann sich ein sehr lebhafter Kampf zwischen Giessen und Paris, es wurde viel und scharf hin und her geschossen. Liebig blieb schliesslich Sieger, insofern er darin recht behielt, dass die Fettmenge in der Nahrung in den meisten Fällen die Fettmenge nicht erklären könne, welche im Körper abgelagert wird, und dass die Kohlehydrate bei dem Fettansatze jedenfalls eine Rolle spielen. Man nannte nun Stärkmehl, Zucker und Gummi geradezu Fettbildner und nahm deren Umwandlung in Fett an.

Erst durch die Arbeiten mit dem Respirationsapparate im hiesigen physiologischen Institute, dessen Entstehen Liebig noch freudig begrüsst und unterstützt hatte, kam man wieder auf andere Ansichten. Bisher hatte man für einen grösseren zusammenhängenden Zeitraum bloss die festen und flüssigen Einnahmen und Ausgaben an grösseren Thieren und Menschen bestimmen können, dieser Apparat aber, ein grossartiges Geschenk Königs Max II. an die Wissenschaft, gestattete nun auch eine genaue Ermittlung aller gasförmigen Einnahmen und Ausgaben des Körpers binnen 24 Stunden, und als nun endlich die Herstellung einer vollständigen Stoffwechselbilanz möglich und gelungen war, zeigte es sich, dass wenigstens beim Fleischfresser und beim Menschen Fett nie aus Kohlehydraten, selbst nicht bei Fütterung der grössten Mengen entstehe, hingegen Ablagerung aus dem Fett der Nahrung und durch Abspaltung aus dem Eiweiss angenommen werden müsse. Auch für den Grasfresser hat Voit das Entstehen von Fett aus Kohlehydraten durch seine Untersuchungen an einer Melkkuh höchst problematisch gemacht, und so sieht man sich zu der Annahme gezwungen, dass alles Fett, was nicht schon in der Nahrung enthalten ist, sondern erst im Körper entsteht, nur vom zerfallenden Eiweiss stamme, und dass die bisher als Fettbildner betrachteten Kohlehydrate in der Nahrung nur dazu dienen, das aus dem Eiweiss entstehende Fett vor sofortiger Verbindung mit Sauerstoff, vor dem weiteren Zerfallen in Kohlensäure und Wasser, vor der sogenannten Verbrennung zu schützen. Es sind seitdem zahlreiche Thatsachen hierüber von uns und Anderen erhoben worden, kein einziger Stoffwechselversuch, der bisher in dieser Richtung angestellt wurde, hat ein Ergebniss geliefert, welches gegen diesen Satz spräche, ja er ist mit der Zeit nur immer bestimmter noch bestätigt worden. Mit dieser Ansicht hat sich Liebig nie mehr befreunden können, er ist sogar in seiner letzten Arbeit über Gährung und Muskelkraft noch dagegen aufgetreten, aber das ändert selbstverständlich nicht das Geringste an seinen grossen Verdiensten auch in dieser speziellen Frage der Ernährung, denn auch die neue Ansicht ist nur eine Frucht und Folge der Anregung, die von Liebig ausgegangen ist.

In innigem Zusammenhange mit der Nahrung steht endlich auch noch die Arbeit von Liebig über das Fleisch, die uns zuerst ein genaueres Bild von der chemischen Zusammensetzung der Muskelsubstanz, des weitaus grössten und massigsten aller unserer Körperorgane gegeben hat. Eine Frucht dieser Arbeit ist auch das Liebig'sche Fleischextrakt, das jetzt — Dank der Liebig's Extract of Meat Company in London und ihren grossartigen Etablissements in Fray Bentos in Uruguay — in der ganzen Welt bekannt, über das schon so viel gesprochen und gestritten worden, dessen Werth schon ebenso übertrieben, als unterschätzt worden ist. Wenn man nun auch nicht annimmt, dass 1 Loth Fleischextrakt den Genuss von 1 Pfund Fleisch ersetze, oder dass man damit Brod in Fleisch verwandeln könne, so hat Liebig dadurch seinen Mitmenschen doch ein höchst werthvolles Geschenk gemacht, welches in der tropischen Wüste Afrika-Reisenden, und im Eismeer Nordpolfahrern nicht minder, als unseren tapferen Soldaten im Kriege schon vielfach ein höchst willkommenes Labsal gewesen ist, und sich mit jedem Tage mehr Eingang auch in jeder guten bürgerlichen Küche verschafft. Unter allen Genussmitteln, die wir als Zuthaten zu unseren Nahrungsmitteln einmal nicht entbehren können, ist die Fleischsuppe gewiss eines der naturgemässesten und unschädlichsten, und hat daher schon immer einen hohen Rang eingenommen: der allerwesentlichste Theil dieses uralten Genussmittels wird uns im Liebig'schen Fleischextrakte nur in einer neuen Form geboten. Liebig hat sich viel mit der Interpretation des physiologischen Werthes, dieses seines nun zum grossen Handelsartikel gewordenen Kindes beschäftigt. Seine Schlussansicht stimmt im Wesentlichen damit überein, was ich vor nicht langer Zeit in einer kleinen Schrift darüber ausgesprochen habe, zu welcher Liebig noch wenige Wochen vor seinem Tode schriftlich seine Zustimmung erklärt hat.

Die Liebig'schen Ideen haben überhaupt erst eine Ernährungswissenschaft begründet und ermöglicht. Es ist eine merkwürdige Thatsache, dass diese Ideen viel langsamer ihren Weg in die pflanzen- und thierphysiologischen Laboratorien, als in die landwirthschaftlichen Versuchsstationen gefunden haben, die gleichfalls durch Liebig veranlasst, sich in so vieler Hinsicht nützlich erweisen, und sich gleichsam wie eine Zwischenstation, oder ein Aushilfsorgan zwischen ihn und die Pflanzen- und Thierphysiologie geschoben haben und einstweilen mit vorwaltend landwirthschaftlich praktischer Tendenz auch wissenschaftlich arbeiten. Die Landwirthe beschäftigen sich bereits sehr eingehend und erfolgreich mit der Frage der besten Fütterung und Mästung eines Viehschlages, hoffen wir, dass, wie sich landwirthschaftliche Vereine zur Pflege dieses Wissenszweiges hervorgethan haben, bald auch menschliche Vereine etwas dafür thun werden, die besten Kostregulative für ganze Klassen einer Bevölkerung durch eingehende ernste Forschungen zu ermitteln. Die Vortheile werden für die Menschenwirthschaft keine geringeren sein, als sie es schon für die Landwirthschaft gewesen sind.

Mit dem Wenigen, was ich hier vorgetragen habe — ich bin mir dessen wohl bewusst — habe ich die wissenschaftliche Bedeutung Liebig's nicht erschöpft, sondern nur angedeutet; aber schon das Wenige genügt, zu erkennen, wie Grosses er geleistet, auch wenn nicht Alles, was er gethan, geschrieben und gesprochen hat, über jeden menschlichen Irrthum, über jede menschliche Schwäche erhaben ist. Liebig könnte uns gar nicht mehr gross erscheinen, wenn er mit übermenschlichen Eigenschaften ausgestattet gewesen wäre. Unwahre Schmeichelei, abgöttische oder sklavische Verehrung soll Liebig nicht entweihen, und ihn uns nicht entreissen; diese mögen sich an Anderen versündigen, und sie als unfehlbar hinstellen und dadurch dem Menschenkreise entrücken. „Es irrt der Mensch, so lang er strebt." Wenn Liebig Einiges auch nicht so ganz gelungen sein, wenn er auch nicht Alles ganz vollendet haben sollte, so theilt er dieses Schicksal mit den grössten Menschen in der Geschichte, mit anderen Wohlthätern der Menschheit und ragt desshalb nicht minder gross aus seiner Zeit in die Gegenwart und Zukunft hinein.

Wir zählen nun auch Liebig zu unseren Todten, wir haben ihn zu Grabe geleitet und um ihn getrauert. Aber diese Trauer kann nicht lange währen, denn wir müssen uns dessen freuen, was er uns hinterlassen, uns der geistigen Schätze freuen, zu deren Erben er Alle gemacht hat. Und diese Schätze haben bekanntlich das Eigenthümliche, und unterscheiden sich dadurch von allen irdischen Besitzthümern, dass jeder davon nehmen kann mit vollen Armen, so viel er nur tragen kann, ohne dass sie desshalb für einen Anderen weniger werden, ja, je mehr davon sich Jeder dauernd aneignet, desto grösser wächst der Schatz.

Wir haben Liebig verehrt und bewundert im Leben; was wir aber — und ich darf sagen, Jeder von uns — an ihm am meisten geliebt und bewundert haben, das ist ja nicht gestorben, das lebt fort in seinen Werken und in seinen Lehren, deren Geist unsterblich ist. Nur was von der Erde ist, kehrt wieder zu ihr zurück, das Andere schwingt verklärt sich auf und scheint auf uns nieder und wärmt uns noch, auch aus weltenweiter Ferne.

Es ist ein altes, vielgebrauchtes Bild, dem urältesten Theile der praktischen Chemie entnommen, der Gewinnung der Metalle, deren Entwicklung in der Kulturgeschichte der Menschheit grosse Zeitalter von einander scheidet, dass jeder Mensch wie eine Legirung aus edlen und unedlen Metallen zu betrachten sei, dass er im Leben und im Tode durch scharfes Feuer geprüft und geläutert werden müsse, und dass er um so mehr Edles hinterlasse, je mehr er im Leben Edles angestrebt hat. Jeder, der redlich einem höheren Ziele dient, lässt zuletzt beim Verglühen, oder wie es der Probirer nennt, beim Blicken, ein grösseres oder kleineres Korn edlen Metalls zurück, nur wenige verzehren sich so vollständig in der Hitze des Probirofens dieses Lebens, dass sie von der Schichte Knochenasche, auf der sie einmal flüssig gemacht, unaufhörlich bis zu ihrem Verschwinden treiben müssen, ganz als Schlacke eingesogen werden; aber das Gewicht dessen, was zurückbleibt, ist sehr verschieden. So liegt auch Liebig nun vor uns erstarrt auf dem heissen Treibherde eines rastlos thätigen, glorreichen Lebens — ein mächtiger Silberblick, von ganz ungewohnter Grösse, den kommende Geschlechter noch bewundernd schauen werden.

Segen seinem Andenken und Frieden seiner Asche!

ÜBER HYGIENE

UND IHRE

STELLUNG AN DEN HOCHSCHULEN.

– Hygiene ist jetzt Gegenstand häufiger Besprechung: man empfiehlt Errichtung von Lehrstühlen dafür an den Universitäten und an den technischen Hochschulen, ja man hört sogar schon von Einführung eines Unterrichts darüber in den Volksschulen. Fragt man aber verschiedene Personen, welche dafür sprechen, was sie sich unter Hygiene vorstellen, so erhält man theils unbestimmte, theils widersprechende Antworten. Ich möchte daher zur Anbahnung eines gleichmässigeren Verständnisses namentlich was die Vertretung und die Pflege der Hygiene an den medicinischen Facultäten betrifft, in deren Kreis das Fach am naturgemässesten und leichtesten sich entwickeln wird, im Nachfolgenden etwas näher betrachten.

Die erste Frage ist wohl, ob das oft gehörte Wort H y g i e n e denn wirklich etwas bezeichnet, was den Rang eines selbstständigen Faches an Hochschulen beanspruchen kann. Den Meisten, und darunter höchst verdienstvollen Vertretern bereits anerkannter Zweige der Medicin will das immer noch nicht so scheinen, und sie sprechen der Hygiene gerne einen eigenen Inhalt, und damit auch die Berechtigung zu einem eigenen Platze ab.

Zur Hygiene gehört eigentlich Alles, was zur Erhaltung und Stärkung dessen beiträgt, was man Gesundheit nennt. Gesundheit im Allgemeinen ist eine Summe von organischen Functionen unseres Körpers, deren harmonisches Verhältniss und Zusammenwirken es uns leicht macht, die Zwecke des Lebens zu verfolgen. Auch die Krankheit beruht auf organischen Functionen, aber auf solchen, welche das harmonische, schmerzlose Verhältniss, welches wir Gesundheit nennen, s t ö r e n. Der Grad der Störung unserer Leistungsfähigkeit für die herkömmlichen Zwecke des Lebens durch unser leibliches Befinden bestimmt unser Urtheil über den Grad von Gesundheit und Krankheit. Die Gesundheit im weitesten Sinne hängt also wirklich mit allem zusammen, was auf das Wohlbefinden und die Lebensdauer der Menschen von Einfluss ist. So allgemein gefasst könnte nicht nur jeder Zweig der Medicin, sondern auch viele Einrichtungen des täglichen Lebens von sich rühmen, zur Erreichung dieses Zieles beizutragen, und wenn die Hygiene keine engeren Kreise für ihre Bestrebungen zu ziehen vermöchte, so wäre sie wirklich kein Specialfach, welches eine besondere Stelle für sich beanspruchen könnte.

Schon etwas bestimmter tritt die eigentliche Aufgabe hervor, wenn man die gesammte Medicin in zwei Theile trennt, in Heilung und in Verhütung von Krankheiten, in curative und präventive Medicin, wo dann die Hygiene nur in den zweiten Theil kommt.

Um Krankheiten zu verhüten, ist es vor Allem nothwendig, ihre Ursachen zu kennen oder kennen zu lernen. Man könnte versucht sein, die Hygiene bloss als Wissenschaft von der Aetiologie und Prophylaxe der Krankheiten zu definiren. Diese Definition wäre aber zu eng, denn obschon zugestanden werden muss, dass die Hygiene in dieser Richtung vorläufig am meisten zu arbeiten hat und auch arbeiten wird, so darf man doch nicht übersehen, dass am Ausbau der Aetiologie die gesammte Medicin und alle Naturwissenschaften mitarbeiten, und dass der Hygiene auch die Aufgabe zufällt, nicht bloss Krankheiten zu verhüten, die vorhandene Gesundheit zu erhalten, sondern auch sie zu stärken und zu vermehren.

Ich fasse die Hygiene als **Wirthschaftslehre von der Gesundheit** auf, ganz ähnlich, wie die Nationalökonomie die Güterwirthschaft betrachtet. Wie in der Nationalökonomie nicht bloss die Furcht vor der Einbusse, sondern noch vielmehr das Streben nach höherem Gewinn die treibende Kraft ist, so muss es auch in der Hygiene als Gesundheitslehre werden. Die Hygiene hat die Werthigkeit aller Einflüsse der natürlichen und künstlichen Umgebung des Organismus zu untersuchen und festzustellen, um durch diese Erkenntniss dessen Wohl zu fördern.

Von diesem Gesichtspunkte aus erscheint es klar, dass der Inhalt der Hygiene als Fach den Gegenständen nach ein sehr verschiedenartiger sein muss, ebenso wie sich die Nationalökonomie mit allen Gegenständen beschäftigt, durch welche Werthe producirt oder vernichtet werden. Ich rathe Jedem, der sich für Hygiene als Fach und Wissenschaft interessirt, die Einleitungen zu den Handbüchern der Nationalökonomie von Roscher und Schäffle zu lesen. Man erstaunt über die zahlreichen Analogien zwischen der Wirthschaft mit gewöhnlichen Gütern und der auf Gesundheit zu richtenden Wirthschaft. Gesundheit ist wirklich ein Gut und ein Vermögen, das wohl in der Regel ererbt wird, was aber auch einmal erworben werden musste und vom Besitzer sowohl vermehrt als vermindert werden kann.

Gleichwie Jeder dahin strebt, mit dem geringsten Aufwand von Mitteln und persönlichen Opfern zu Vermögen zu kommen, so strebt Jeder nach möglichster Gesundheit unter gegebenen Umständen, und gleichwie „der höchste Grad der Wirthschaftlichkeit nicht erreicht werden kann, wenn die Menschen nur für sich vereinzelt Güter erzeugen und verwenden, sondern nur wenn Alle in einem grossen zusammenhängenden gesellschaftlichen Wirthschaftssysteme für einander und miteinander wirthschaften", so findet das Gleiche auch bei der auf Gesundheit zielenden Wirthschaft statt.

Gleichwie im Laufe der Zeit aus den Cameralfächern eine Wirthschaftslehre entstanden ist, so muss aus der Gesundheitspflege und Medicinalpolizei eine Gesundheitslehre sich entwickeln, zu welcher der praktische Arzt, welcher sich nur mit Behandlung von Kranken befasst, eine ähnliche Stellung einnehmen wird, wie etwa der reine Jurist, der Richter und der Advocat, welche nur streitige Fälle über Güterbesitz behandeln, zur Nationalökonomie.

Gleichwie die meisten Nationalökonomen aus der juristischen Vorbildung hervorgehen, so werden auch die Hygieniker aus dem ärztlichen Stande hervorgehen, aber es genügt nicht, nur Jurist zu sein, um mit Erfolg auch den Nationalökonomen spielen zu können, so wenig als es genügt, bloss Arzt zu sein, um die Zweige der Hygiene zu fördern. Die Analogien zwischen Nationalökonomie und Gesundheitslehre sind so natürlich und naheliegend, dass auch Roscher und Schäffle in ihrem Fache nicht selten Vergleiche mit der Medicin anstellen.

Die Hygiene bedarf der Lebens-, Krankheits- und Todes-Statistik nicht minder, als die Nationalökonomie der Statistik über andere Güter und den Verkehr damit.

Wodurch sich die Hygiene vorläufig noch sehr zu ihrem Nachtheile von der Nationalökonomie unterscheidet, ist die Schwierigkeit, Gewinn und Verlust und deren Ursachen bei allen Handlungen, die wir für die Gesundheit verrichten, zu bemessen und festzustellen. Ich halte es noch für unthunlich, ein System der Hygiene aufzustellen, wie man bereits in der Nationalökonomie gethan hat, aber das darf uns nicht abhalten, die Hygiene als Wissenschaft ernstlich in Angriff zu nehmen und auszubilden. Je weiter wir nach allen Richtungen hin noch vom Ziele entfernt sind, desto mehr ist es nothwendig, uns frühzeitig auf den langen Weg dahin zu machen. Wir Menschen sind gewohnt, uns wie Kinder reicher Eltern zu betrachten, von welchen wir so viel Gesundheit geerbt haben, dass wir nur zu erhalten und nichts weiter zu erwerben brauchen, und dass wir unseren Kindern das Capital ungeschmälert wieder weiter vermachen können, wenn wir keine ausserordentlichen Verluste haben. In unserem Gebahren tritt daher, wenigstens vorläufig, weit weniger der Erwerbssinn, als die Furcht vor Verlusten, vor Krankheiten in den Vordergrund. Wie weit das wirklich nationalökonomisch gerechtfertigt ist, wird die Zukunft lehren. Einstweilen haben wir es als einen factischen Zustand zu betrachten, und mit diesem Factor zu rechnen, dass es Hauptaufgabe der Hygiene sei, Krankheiten zu verhüten.

Um dies zu vermögen, muss man die Ursachen und Veranlassungen zu Krankheiten kennen und sie beseitigen lernen. Aetiologie und Prophylaxe müssen daher die Hygiene zunächst interessiren; es ist nur zu ermitteln, wie weit die Thätigkeit nach beiden Richtungen hin ins Gebiet der Hygiene fällt.

Die Aetiologie anlangend könnte man denken, dass ihre Aufgaben zu lösen der Pathologie viel näher liege, und dass diese sich schon von jeher und nicht ohne Erfolg dafür bemüht habe. Der Pathologie soll auch durch die Hygiene gar nichts abgenommen werden. Die Hygiene würde für ihre Zwecke am liebsten die Aetiologie in allen Fällen schon voraussetzen und es kann ihr ganz gleichgiltig sein, wer eine darauf bezügliche Thatsache ermittelt oder Aufklärung darüber gibt; die Hygiene nimmt die ätiologischen Momente, wo sie dieselben vorfindet, aber sie braucht dieselben als Mittel zum Zweck viel nothwendiger und in einer viel bestimmteren Form zu ihrer weiteren Thätigkeit als die Pathologie, und so weit nicht andere Wissenschaften die Aetiologie schon so weit geschaffen haben, dass man die Arbeit der Entfernung oder der Unschädlichmachung der Krankheitsursachen beginnen kann, muss die Hygiene selbst an die Arbeit gehen und Untersuchungen anstellen, welche in die verschiedensten Gebiete führen, oder sie muss Fachleute aus diesen Gebieten damit beschäftigen, welche im Sinne und nach dem Plane der Hygiene arbeiten, doch letztere allein hat zu entscheiden, in wie weit das Ausgeführte seinem Zwecke entspricht, welchen hygienischen Werth eine Sache hat.

Je complicirter der Betrieb der Hygiene erscheint, desto nothwendiger ist es, einheitliche Gesichtspunkte aufzustellen und festzuhalten. Einige Beispiele werden das näher veranschaulichen.

Die verschiedenen Fächer einer Wissenschaft, sowie die verschiedenen Wissenschaften überhaupt sind abhängig von einander, unterstützen sich gegenseitig, borgen von einander und haben doch alle ihr eigenes Gebiet und ihre eigene Entwicklung, insofern sie verschiedene Ziele zu verfolgen haben. Die Chemie liefert z. B. der Physiologie Material, und die Physiologie wieder der Chemie. Zuerst musste der Sauerstoff in der Luft gefunden sein, ehe der Physiologe die Beziehungen desselben zum Athmungsprocesse, zum Blute und zu den Blutkörperchen weiter verfolgen, und ehe man im Blute das krystallisirbare Hämaglobin finden konnte. Der Physiologe hat nicht den Sauerstoff entdeckt, sondern ihn nur bis ins Blut hinein und durch das Blut hindurch verfolgt, aber dabei Thatsachen gefunden, welche auch die Chemie wieder fördern helfen.

Wenn der Sauerstoff in der Luft, in der wir leben, nicht in diesem so zu sagen unendlichen Vorrathe und in diesem unveränderlichen Mischungsverhältnisse vorhanden wäre, wenn die Menge und Reinheit dieses zum Leben unentbehrlichen Stoffes von Vorgängen in der Umgebung des Menschen abhängig und in Folge davon grossem Wechsel unterworfen wäre, d. h. wenn er kein freies Gut wäre, sondern man erst dafür zu sorgen hätte, dass Sauerstoff immer in gehöriger Menge und Reinheit vorhanden wäre, so würde diese Sorge weder die Physiologie, noch die Chemie beschäftigen und kein Gegenstand für sie sein, sondern müsste zu einem eigenen Geschäfte gemacht werden, wie Wasserversorgung oder Brodbereitung, und dieses Geschäft müsste im Interesse der Gesundheit von irgend einer Wissenschaft studirt und wie ein anderer Gegenstand der Victualienpolizei nach seinem Werthe für die Gesundheit bemessen und controlirt werden. Dabei wäre gewiss Manches gefunden worden, was auch für Chemie und Physiologie wieder förderlich gewesen wäre.

Aehnlich hat die Pathologie längst constatirt, dass Kohlendunst in geschlossenen Räumen krank machen, selbst den Tod herbeiführen kann, und die Chemie und Physiologie haben gefunden, dass diese Gefahr für die Gesundheit vom Kohlenoxyd in der Luft herrührt, welches den Sauerstoff aus den Blutkörperchen verdrängt und diese für die Zwecke des Lebens untauglich macht. Wenn nun die Processe, welche Kohlenoxydgas in der Umgebung des Menschen erzeugen und die Mittel, durch welche dasselbe für die Luft bewohnter Räume unschädlich gemacht werden kann, nicht schon so bekannt und einfach wären, so müssten auch sie erst studirt und aufgesucht werden. Damit aber würden sich gewiss weder die Chemiker noch die Physiologen und Pathologen von Fach befassen, die nichts für ihre Zwecke dabei erwarten können, aber der Hygieniker hätte Veranlassung dazu, sowie er auch jetzt noch, nachdem die Ursache der Kohlendunstvergiftung gefunden ist, ihre Gefahren möglichst gering zu machen streben muss.

Wie wenig man übrigens selbst heutzutage noch solche Thatsachen und Entdeckungen vom hygienischen Standpunkte aus, in Bezug auf ihre Werthigkeit für die Gesundheit zu erfassen pflegt, geht sehr deutlich aus der in neuester Zeit erhobenen Agitation gegen die eisernen Oefen hervor, seit Deville gefunden hat, dass nicht einmal Metallflächen, wenn sie glühend werden, absolut luftdicht sind, sondern dass Diffusion von Gasen durch sie hindurch stattfinden kann. Wie viele Aerzte und Laien, und darunter gerade solche, welche von der Bedeutung der Hygiene durchdrungen sind, haben da geglaubt, jetzt sei die gesundheitschädliche Eigenschaft der eisernen Oefen nicht bloss constatirt, sondern auch erklärt, und manche hätten am liebsten gleich das Reich in Bewegung gesetzt, um alle eisernen Oefen zu verbieten, anstatt zuvor die natürliche Werthigkeit dieser Thatsache für die Gesundheit zu prüfen.

Mit dieser hygienischen Gedankenoperation wäre unvermeidlich die Stellung der Frage verbunden gewesen, um wie viel Oefen aus gebranntem Thon im kalten und im heissen Zustande weniger Diffusion gestatten, als solche aus Eisen, welche man durch Thonöfen hätte ersetzen müssen. Schon die blosse hygienische Fragestellung hätte darauf aufmerksam gemacht, dass vom Kohlenoxydgas in eisernen Oefen keine grössere Gefahr ausgehen kann, als vom Kohlenoxydgas in Kachelöfen, denn dass Waaren aus gebranntem Töpferthon, auch wenn sie glasirt sind, und dass Kapselerde und trockener Lehm, mit dem die Fugen ausgekleidet werden, viel mehr Luft durchlassen, als selbst hellglühendes Eisen, und deshalb auch viel mehr Diffusion von Kohlenoxydgas gestatten, wäre eine längst bekannte Thatsache gewesen. Die Entdeckung von Deville machte Aufsehen, nicht weil so viel Kohlenoxydgas durch glühendes Eisen geht und mehr als durch Thon, sondern weil überhaupt eines durchgeht, nachdem man bis dahin wohl den Thon als einen sehr porösen Körper gekannt hatte, nicht aber das Eisen, welches man für Gase absolut undurchdringlich gehalten hatte, und durch welches unter Umständen nun doch, wenn auch nur geringe Mengen Gase durchgehen. Zur Erklärung der von Vielen empfundenen Unannehmlichkeit der eisernen Oefen ist daher die Entdeckung von Deville nicht zu gebrauchen.

Gleichwie die Physiologie zu ermitteln hat, wie und wie viel unter gegebenen Umständen Sauerstoff im Organismus aufgenommen und verbraucht wird, so liegt ihr die Pflicht nicht nur für diesen Stoff, sondern auch für manche andere sogenannte Nahrungsstoffe ob und es wäre gewiss einseitig, den Verbrauch und den Kreislauf des Eiweissstoffes oder des Zuckerstoffes und die Ausscheidung des Harnstoffes für eine geringere Aufgabe der Physiologie zu nehmen, als die Aufnahme von Sauerstoff und die Ausscheidung von Kohlensäure, oder die elektrischen Vorgänge in den Nerven. Ein grosser Theil der Fragen der Ernährung hat für das Wohlbefinden des Menschen auch noch eine ganz andere Bedeutung, als für die Physiologie, ich meine z. B. alle Fragen der Victualienpolizei und der Kostregulative. Diese harren grösstentheils noch auf ihre wissenschaftliche Begründung, und diese wird bis zur Deckung des hygienischen Bedürfnisses weder von Seiten der Physiologie noch der Pathologie gewährt werden, sondern sie muss Aufgabe einer speciell darauf gerichteten Thätigkeit werden, wenn dabei auch die Methoden dieser und anderer Wissenschaften, um zum Ziele zu kommen, gebraucht werden. Der Zweck bleibt ein hygienischer und ist der Physiologie und der Pathologie fremd, gleichwie den in der Physiologie und Pathologie gebrauchten anatomischen, chemischen und physikalischen Kenntnissen nicht anatomische, chemische und physikalische Zwecke, sondern ausschliesslich physiologische und pathologische zu Grunde liegen. Je nach ihrem Zwecke werden chemische, physikalische, anatomische, botanische, zoologische Untersuchungen zu physiologischen, pathologischen, hygienischen etc. Arbeiten.

So wird sich mit der Function der Haut, welche der Physiologe als so wichtig erweist, und von deren Störungen der Pathologe so und so viele Krankheiten ableitet, der Physiologe und der Pathologe immer nur so weit beschäftigen, als das Hautorgan selbst dabei in Betracht kommt, aber die zahlreichen Fragen, wie weit die Thätigkeit der Haut durch die Kleidung beeinflusst und abgeändert wird, dadurch, dass man sie mit Wolle oder Leinwand, mit einem krausen oder glatten, mit einem nassen oder trockenen Zeuge, mit einer Schichte davon, oder mit zweien und dreien bedeckt, werden schwerlich von der Physiologie oder Pathologie bis zum Bedürfnissgrade der Hygiene bearbeitet werden.

Es ist recht beschämend, dass keine Wissenschaft dem praktischen Arzte noch sagen kann, was Alles damit geändert wird, wenn man den Kranken ins Bett legt, wie viel für die Wärmeökonomie ein Strohsack oder eine Matratze aus Haaren, wie viel eine wollene Decke, wie viel zwei, und wie viel eine Federndecke werth ist.

Wir haben mit diesen Gütern für die Gesundheit instinctmässig schon immer gewirthschaftet, gleichwie man im täglichen Leben auch ohne Nationalökonomie Gewerbe, Industrie und Handel betrieben hat, und gleichwie man ohne Physiologie geathmet, ohne Geburtshilfe geboren hat und ohne Pathologie krank und gesund geworden ist, ohne sich über die Gesetze dieser Vorgänge klar zu sein; aber wenn wir ohne alle Wissenschaft auch schon recht weit gekommen sind, so nimmt uns dieser Erfolg nicht im Geringsten die Pflicht ab, diese Gegenstände schliesslich auch wissenschaftlich zu durchdringen, denn die Erfahrung hat gelehrt, dass man mit Hilfe der Wissenschaft immer noch viel leichter und viel vortheilhafter wirthschaftet als mit blosser Empirie.

Die Wissenschaft vermehrt nicht bloss die Einsicht und die Klarheit, wodurch die Production erhöht und die nutzlose Verschwendung beseitigt wird, sie schafft auch ganz neue Werthe durch ihre Entdeckungen.

Seitdem unsere Landwirthschaft, unsere mechanischen und chemischen Gewerbe und Industrien wissenschaftlich durchdrungen worden sind, haben sie in einem Jahrhundert sich mehr verändert und grössere Fortschritte gemacht, als vorher in Jahrtausenden. Wir spannen den Wasserdampf vor den Wagen und fahren so schnell damit, wie der Vogel durch die Luft fliegt, wir zeichnen und drucken mit Sonnenlicht, schreiben mit Elektricität in alle Fernen so schnell als man denkt, wir durchbohren mit Luft ganze Gebirgszüge und all das ist nur mit Hilfe der Wissenschaft von Dingen entstanden, die von jeher auf der Erde waren, die man aber nicht beobachtet oder wissenschaftlich nicht erforscht hatte. Die Wissenschaft ist genau so, wie die Natur, sie bringt Vieles hervor, wovon der Mensch oft lange keinen Gebrauch zu machen versteht, was aber doch vorhanden sein muss, um einen Nutzen, wenn auch oft erst sehr spät, daraus ziehen zu können. Wie nutzlos mögen den Menschen zur Steinzeit die Berge aus Eisenerz erschienen sein. Wie Mancher mag sich gedacht haben, wenn der Schöpfer nur anstatt dieser nutzlosen Eisenerzberge lauter Feuersteinberge gemacht hätte. Giftpflanzen hat man lange nur für schädlich gehalten, aber ohne sie hätten wir kein Morphin und kein Atropin. Wer beachtete das Chloral von Liebig, das lediglich aus theoretischer Speculation hervorging, ehe in neuester Zeit die schlafmachende Eigenschaft daran entdeckt wurde? Wer von den sogenannten Praktikern beachtete die gepaarten Ammoniakverbindungen von Hofmann, ehe die prächtigen Anilinfarben daraus hervorgingen? Wenn die Natur nicht das Eisenerz, den Mohn und die Wolfskirsche, und die Wissenschaft nicht die Elektricität, das Chloral und die Anilinbasen hervorgebracht hätte, hätte man auch keinen nützlichen Gebrauch davon machen können. Die Dinge und die Begriffe müssen immer lange existiren, ehe man einen Gebrauch davon zu machen lernt, welcher Allen zugute kommt. Natur und Wissenschaft sind etwas Schöpferisches, Primäres, das von Natur und Wissenschaft Erzeugte zu nützen etwas Secundäres. Und so glaube ich fest auch an den praktischen Nutzen der Hygiene, wenn wir sie nur recht wissenschaftlich bearbeiten und betreiben.

Es liegt scheinbar ein Widerspruch darin, wenn ich gesagt habe, die Hygiene oder Gesundheitslehre habe die ätiologischen Thatsachen der normalen und der anormalen Functionen unseres Organismus für Vermehrung von Gesundheit und für Verhütung von Krankheiten zu verwerthen, habe ätiologische Untersuchungen anzustellen, greife aber doch nicht in die Gebiete der Physiologie und Pathologie über. Dieser Widerspruch klärt sich einfach auf, wenn man die verschiedenen Zwecke ins Auge fasst, welche Physiologie, Pathologie und Hygiene mit den ätiologischen Thatsachen verfolgen.

Physiologie und Pathologie beschäftigen sich mit den Functionen des gesunden und des kranken Organismus und dabei unvermeidlich auch mit Ursachen des Gesundseins und des Krankseins, aber sie thun es nur so weit, als diese Ursachen im Organismus selbst liegen, in ihm selbst entstehen oder mit bekannten Mitteln in ihm einfach hervorgerufen werden und zur Erklärung der Vorgänge im Körper dienen. Für diesen Theil der Aetiologie werden Physiologie und Pathologie naturgemäss auch ferner sorgen.

Soweit dies bis zu dem Grade geschieht, dass die Hygiene die Resultate sofort für ihre Zwecke benutzen kann, wird sie es jederzeit dankbar thun. Unser Befinden hängt aber von so Vielem ab, was ausserhalb des Organismus liegt, was wir vorläufig oft noch sehr unvollkommen oder gar nicht kennen, dass die Hygiene in ihrer Entwicklung sehr zurückbleiben müsste, wenn sie nur bearbeiten wollte, was ihr ätiologisch von den genannten Wissenschaften fertig geboten wird. Diese Theile der Aetiologie, welche für die Hygiene oft zu den wichtigsten gehören, und welche weder Physiologie noch Pathologie eingehend verfolgen können, ohne ihre zahlreichen, sonst vorliegenden Aufgaben unbeachtet liegen zu lassen, muss die Hygiene selbst in die Hand nehmen. Ihr genügt nicht die Physiologie des Körpers allein, sie braucht sozusagen auch eine Physiologie seiner Umgebung, soweit der Grad der Gesundheit dadurch beeinflusst wird, und sie kann mit solchen Thatsachen wirthschaften, auch ohne ihre Wirkung physiologisch oder pathologisch untersucht zu haben oder sie erklären zu können. So braucht sie eine nähere Kenntniss der Luft, des Wassers, des Bodens, der Nahrung, des Hauses, der Kleidung, des Bettes u. s. w., sozusagen eine über den Organismus hinaus fortgesetzte Physiologie und Pathologie seiner Adnexe.

Also nicht alle Theile der Aetiologie fallen der Hygiene zur Bearbeitung zu, sondern hauptsächlich nur diejenigen, welche ihre wesentlichen Grundlagen in der Umgebung des Menschen, ausserhalb des Organismus haben. Diese sind sowohl zahlreich, als auch wichtig genug, um ein grosses Arbeitsfeld daraus zu bilden, auf welchem viele Kräfte und für immer vollauf Beschäftigung haben werden.

Das Recht zu dieser Aufgabe, namentlich soweit dadurch Krankheiten verhütet werden sollen, wird der Hygiene viel leichter von den Physiologen, als von den Pathologen zugestanden, welche sich dazu vorzugsweise für berufen halten.

Nach meiner Ansicht aber hat die Hygiene zur Physiologie noch zahlreichere Beziehungen, als zur Pathologie. Die Pathologie ist in erster Linie nicht dem Streben Krankheiten zu verhüten, sondern sie zu heilen entsprossen, und daher viel mehr im Sinne der curativen, als der präventiven Medicin von Anfang an entwickelt worden. Ich will, um diese Theilung der Arbeit zu rechtfertigen, ein einziges Beispiel wählen. Mehrere epidemische Krankheiten sind in ihrem Auftreten und bei ihrer Verbreitung an noch nicht näher bekannte äussere Hilfsursachen gebunden, unter welchen sich namentlich auch klimatische und Boden-Einflüsse befinden, welche aller Wahrscheinlichkeit nach auf grossen Umwegen, etwa erst durch allerlei Metamorphosen niedriger Formen des organischen Lebens, dem sie günstig oder ungünstig sind, auf den Organismus wirken. Wer soll nun die dabei betheiligten, den Menschen umgebenden Medien darauf untersuchen und die Abhängigkeit seines Befindens davon ermitteln? Es kommen dabei meteorologische, geognostische, botanische, zoologische, physikalische, chemische Thatsachen in Betracht. Wird diese nun in der für die Hygiene vorgeschriebenen Richtung der Chemiker, Physiker, Zoologe, Botaniker, Geognost oder der Meteorologe verfolgen? Jeder, welcher den Entwicklungsgang unserer Vorstellungen über die ursächlichen Momente örtlich und zeitlich begrenzter Epidemien nur einigermassen kennt, wird unbedenklich mit Nein antworten und es ist auch sehr erklärlich, denn die Vertreter aller der genannten Fächer haben viel zu viel zu thun, was ihnen näher liegt und sie werden diese Aufgaben der Hygiene eben so wenig übernehmen, als die Anatomen, Physiker und Chemiker die Arbeit des Physiologen verrichten, obschon dieser sich nur mit anatomischen, physikalischen und chemischen Thatsachen beschäftigt. Es würde keine Physiologie entstehen, auch wenn man einen Anatomen, einen Physiker und einen Chemiker alle drei zusammen in ein Haus sperren und jedem ein vollständiges Attribut für seine Zwecke verleihen würde; denn es fehlte ihnen der einheitliche Gedanke für die Richtung ihrer Thätigkeit. So wird auch der Physiologe, dem die Hygiene am nächsten liegt und der viele natürliche Grenzgebiete mit ihr theilt, sich nie sehr weit in der Richtung der Hygiene bewegen. Das Gleiche ist beim Pathologen der Fall, denn die Erfahrung lehrt, dass auch dieser sich naturgemäss hauptsächlich nur innerhalb der Grenzen des kranken Organismus bewegt und nicht sucht und nicht finden kann, was ausserhalb dieser Grenzen liegt.

Gesetzt, der Pathologe fände in einem Typhus- oder in einem Cholerakranken wirklich den sogenannten Typhus- oder Cholerakeim, so wäre das wohl eine wichtige und schätzenswerthe Entdeckung, aber es wäre dadurch die für die Menschheit **wichtigste** Frage noch lange nicht erledigt, nämlich, was einen Ort zu gewissen Zeiten zu einem Typhus- oder Choleraorte macht und was geschehen muss, um einem solchen Orte diese Eigenschaft zu benehmen.

Es spricht sich das mit grösster Deutlichkeit bei einer bekannten Thierseuche aus, bei welcher man schon so weit gekommen ist, als der Pathologe bei Typhus und Cholera erst zu kommen hofft, beim Milzbrande. Die von Davaine entdeckten Milzbrandbacterien sind als Anthraxkeime zu betrachten. Der Anthrax ist durch bacterienhaltiges Blut von milzbrandkranken Thieren auf gesunde Thiere, sowie auf Menschen impfbar, selbst der Stich von Mücken und Bremsen, welche das Blut kranker Thiere in sich aufgenommen haben, kann die Krankheit übertragen. Wie kommt es aber, dass der Milzbrand doch nur an gewissen Orten und zu gewissen Zeiten epizootisch auftritt, dass einzelne milzbrandkranke Thiere in Ställen und in Heerden auf der Weide sonst auch zur Zeit der Mücken und Bremsen gar nicht selten vorkommen, ohne dass die Krankheit sich weiter verbreitet? Was konnte seit der Entdeckung Davaine's in solchen Milzbranddistricten gegen die Seuche mit Erfolg geschehen? Obschon die Impfbarkeit des Milzbrandes pathologisch erwiesen ist, so ist aus dieser Eigenschaft doch nicht zu erklären, warum Epizootien hauptsächlich nur an gewissen Orten und in gewissen Jahren auftreten. Jeder Thierarzt sieht ein, dass die Milzbrandepizootien auf einem anderen Wege als auf dem der Impfung mit milzbrandbacterienhaltigem Blute enstehen müssen.

Gerade in dieser örtlichen und zeitlichen Disposition für Epizootien und Epidemien liegt aber für die Hygiene der ganze Schwerpunkt, denn weil sie es mit numerischen Werthen zu thun hat, so darf ihr daher nicht, wie der Pathologie, jede Krankheit und jede Krankheitsursache gleichwerthig sein. Je seltener eine Krankheit ist, desto interessanter mag sie dem Pathologen und Arzte sein, je häufiger und alltäglicher aber eine ist, desto wichtiger ist sie für den Hygieniker.

Die Ursachen dieser ausserhalb des Organismus liegenden Disposition werden schwerlich von den Pathologen ermittelt und in den kranken Organismen gefunden werden.

Die zerstörende Gewalt von Typhus und Cholera liegt für den Hygieniker nicht im Typhus- und Cholerakeime, auch nicht darin, dass sich dieselben in irgend einer Weise an den menschlichen Verkehr heften. Die meisten Aerzte halten zwar diese beiden Momente noch für die Hauptsache und denken sich auch diese Keime vorläufig noch ganz innerhalb der Grenzen der Pathologie in den Typhus- und Cholerakranken und in deren Ausleerungen eingeschlossen. Ich halte diese Einschränkung nicht nur für willkürlich, sondern auch für ungerechtfertigt, denn seit die Thatsachen der Verbreitung dieser Krankheiten genauer und allgemeiner ermittelt worden sind, findet man die in Gedanken gezogenen Grenzlinien häufig genug überschritten, um an ihrem wirklichen Bestehen zweifelhaft zu werden; aber wenn man sie auch annimmt, so müsste man förmlich blind sein, wenn man leugnen wollte, dass es bei diesen Epidemien nicht viel mehr darauf ankommt, wohin und wann aus einem Typhus- oder Choleraorte Typhus- und Cholerakeime gelangen, als dass sie überhaupt dahin gelangen. Trotz freien und unbehinderten Verkehrs sind epidemische Explosionen doch nur selten die Folge davon, und wo sie erfolgen, sieht man sich überall gezwungen, ausserhalb der Kranken liegende örtliche und zeitliche Momente zur Erklärung ihrer Verwüstungen, ihres hygienischen Werthes herbeizuziehen. Das tritt namentlich in Casernen und Gefängnissen mit grosser Regelmässigkeit und Deutlichkeit zu Tage.

Während der letzten Choleraepidemie in München lieferten die Untersuchungsgefängnisse von München die abgeurtheilten Verbrecher in 8 verschiedene Strafgefängnisse Baierns regelmässig ab. Nur in dreien davon zeigten sich Cholerafälle, in zweien blieb die eingeschleppte Krankheit auf wenige Fälle beschränkt, in einem einzigen kam es zu einem namhaften epidemischen Ausbruche, aber in diesem, in der Gefangenanstalt Laufen, zu einem schrecklichen. Von 500 Gefangenen erkrankten 128 an ausgebildeter Cholera, 43 an Cholerine, 125 an Diarrhoe und starben 83 davon binnen 3 Wochen.

Man sieht aus dieser Thatsache, dass der Verkehr mit Choleraorten und Cholerakranken höchstens die Gefahr eines Zünders oder einer Lunte in sich trägt, dass aber die Gewalt der Epidemie von local aufgehäuftem Zündstoffe abhängt, von dem Pulver, womit die Mine zuvor geladen sein muss, wenn der hineinfallende Funken eine Wirkung äussern soll.

Daraus geht der für die Praxis, die wir gegen Epidemien richten wollen und sollen, wichtigste Satz hervor, dass man viel klüger thut, den Minen und dem örtlichen Pulver in denselben nachzuspüren, als allen von den durcheinander wirbelnden Winden des Verkehrs getragenen einzelnen Funken nachzujagen und diese alle einzeln zu löschen zu versuchen, ehe sie eine Mine unter uns entzünden und uns regelmässig sammt unseren Löschapparaten jämmerlich in die Luft schleudern. Die brennende Lunte auf einem Geschütz ohne Pulver ist ein ganz harmloses Ding.

Was ist nun bisher geschehen, diese örtlichen Minen für Typhus und Cholera aufzusuchen und wer soll die Zusammensetzung ihres verheerenden Pulvers ermitteln, um seine zeitweise Bildung zu verhindern, oder es wieder zu zerstören? Mir scheint die Frage eine noch so ungelöste, so schwierige und complicirte zu sein, dass sie der praktische Arzt und Pathologe schwerlich in den Mussestunden neben viel anderer Arbeit wird erledigen können. Die Aufgabe scheint mir auch ebenso wichtig zu sein, wie die klinischen Aufgaben der Pathologie und Therapie, und es wird wohl eben so gerechtfertigt und lohnend sein, auch dafür eigene Arbeitskräfte zu engagiren, zu besolden und ihnen die nöthigen Mittel zum Betriebe ihres Geschäftes zu gewähren.

Das ätiologische Gebiet in der äusseren Umgebung des Menschen wissenschaftlich zu bebauen, ist eine mühsame, harte Arbeit, denn der grösste Theil des Feldes ist noch Wildniss, der ganze Boden ist voll dicker Wurzeln von theils abgestorbenen, theils noch üppig wuchernden Vorurtheilen, die weggeräumt werden müssen, noch ehe man einen Spatenstich machen kann, gar nicht zu reden von der Anwendung eines Pfluges.

Man kann nun sagen, nichts bürge dafür, dass die Hygiene in dieser Richtung mehr leisten werde, als schon die Pathologie und andere Fächer der Medicin oder die Naturwissenschaften darin geleistet haben, die doch alle schon guten Willen gezeigt, denn es stehen der Hygiene keine anderen Mittel der Beobachtung und der Forschung zu Gebote, als den genannten Fächern auch. Dieser banale Einwurf lässt sich gegen Alles richten, was neu entstehen will und wird von Alltagsmenschen auch regelmässig dagegen gerichtet. Wie weit wäre man aber in Allem noch zurück, wenn man ihn immer hätte Herr sein lassen! Es wäre nie eine Anatomie und nie eine Physiologie entstanden.

Was wusste man von Physiologie, als man anfing, Lehrstühle und Attribute dafür zu errichten, verglichen mit dem, was man erst darnach erfuhr und jetzt doch schon weiss? Wie viel von dem ist geblieben, was galt, als man angefangen hat?

Es kommt nur darauf an, ob man überzeugt sein darf, dass

wirklich eine wichtige Aufgabe in einer bestimmten Richtung zur Lösung vorliegt. Das Gedeihen und der Segen muss immer von der Zukunft gläubig abgewartet werden. Seit Jahrhunderten bemüht sich die Pathologie, alle Krankheiten erkennen, und die Therapie, sie heilen zu lehren, und noch ist man nicht am Ziele, obschon Vieles erreicht worden ist, und Alles hat man nur dadurch erreicht, dass man eine Anzahl von Thatsachen zum Gegenstande specieller, fortlaufender Untersuchung gemacht, dass man eigens Zeit und Mühe darauf verwendet hat.

Wenn nun die Hygiene vorläufig auch über keine anderen Hilfsmittel zu verfügen hat, als die übrigen medicinischen Fächer, so geniesst sie vor ihnen doch den Vortheil, dass sie mehr Zeit und Mühe auf Bearbeitung ihres Feldes verwenden kann, dass ihr ihre Aufgabe nicht als Nebensache, sondern als Hauptsache erscheint, und dass ihr Gebiet, das den Meisten vorläufig noch wie eine trostlose Wildniss vorkommt, zur Heimath wird, in welcher allmälig auch Culturfelder, darunter auch recht schöne Gärten entstehen werden, deren Schatten die Menschheit aufsuchen und loben wird.

Es entspinnt sich immer ein gewisser Kampf, so oft ein neues Fach in den Kreis bereits anerkannter eintreten will, und namentlich sind die Facultäten unserer deutschen Universitäten sehr conservativ gesinnt, und auch mit allem Rechte: der Eintritt darf nicht so leicht gewährt werden. Wer die Zeitfolge in der Entwicklung der Specialfächer der Medicin, so zu sagen ihre Zeugungsgeschichte betrachtet, dem kann die Abhängigkeit, die allmälige Abzweigung des einen vom andern nicht entgehen, welche immer dann eintritt, wenn die bestehenden Zweige die ihnen vom Mutterboden der Praxis und der Theorie zuströmenden Säfte nicht mehr für das eigene Wachsthum verarbeiten, oder gewisse Zielpunkte, die sich im Laufe der Zeit und der Entwicklung des Ganzen ergeben, nicht mehr wohl erreichen können, ohne allzu sehr von ihren natürlichen, ursprünglichen Richtungen abgelenkt zu werden.

Das Streben, Krankheiten zu heilen, die ärztliche Praxis ist der fruchtbare, der gemeinsame Mutterboden gewesen, auf welchem sich die gesammte Medicin, nicht nur die sogenannten praktischen Fächer der internen Medicin, die Chirurgie, die Geburtshilfe, die Augenheilkunde etc., sondern auch makro- und mikroskopische Anatomie und Physiologie entwickelt haben. Obschon die beiden letztgenannten Fächer bereits zu selbständigen Naturwissenschaften geworden sind, welche von der curativen und präventiven Medicin ganz unabhängig betrieben werden, so gehören sie ihrer Abstammung nach doch immer noch zu den Zweigen der Medicin, deren sicherste Grundlagen sie vielfach bilden, während sie anfänglich nur für deren untergeordnete Nebenzweige gehalten wurden. Das Streben der Therapie, welches der Ausgangspunkt von Allem war, hat schon sehr bald die Anfänge der Pathologie hervorgerufen, und diese allmälig die Anatomie als unentbehrlich erkennen lassen. Erst in diesem Jahrhundert haben sich aus der Anatomie die Physiologie und die pathologische Anatomie als besondere Fächer abgetrennt. Eine Zeit lang noch strebte man dem zu Tage tretenden Bedürfnisse dadurch zu genügen, dass der Lehrer der normalen Anatomie auch zugleich Physiologie und pathologische Anatomie lehren sollte — ich selbst habe noch zu einer solchen Zeit die medicinischen Studien in München absolvirt — aber diese Cumulation der Aufgaben erwies sich nicht fruchtbar und wurde bald und für immer verlassen. So glaubt man auch jetzt vielfach, man könne das, was man Hygiene nennt, vorläufig noch einem Lehrer eines bestehenden Faches übergeben und denkt in der Regel zunächst an den Vertreter der sogenannten Staatsarzneikunde, über dessen Stellung zur Hygiene ich später sprechen werde.

Wie sich die pathologische Anatomie unter Einflüssen und auf Grundlagen entwickelt hat, welche gleichzeitig zwei anerkannten Fächern, der Anatomie und der Pathologie eigen sind, so vollzieht sich gegenwärtig der ähnliche Process mit der Hygiene, welche sich aus Physiologie und Pathologie entwickelt.

Ich glaube bereits klar gemacht zu haben, weshalb diese beiden genannten Fächer weder vereinzelt, noch vereint genügen, um das zu erreichen, was man mit Hygiene anstreben muss.

Jedes Fach, das neu entsteht, hat schon immer lange Zeit vorher, in seinen wesentlichen Theilen wenigstens, in der Praxis bestanden. So hat die Hygiene schon immer im täglichen Leben, in der ärztlichen Praxis, in der Medicinalpolizei und in Fragen der öffentlichen Gesundheitspflege ihr Dasein geäussert, und es handelt sich gegenwärtig nur darum, ihre einzelnen Theile unter einem gemeinschaftlichen Gesichtspunkte zusammenzufassen. Selbst an den Universitäten ist sie nicht ganz neu, die Medicinalpolizei ist ihre Vorläuferin, wie es für die Nationalökonomie die Cameralia und die Statistik gewesen sind, und gleichwie die Nationalökonomie die gesetzmässigen Grundlagen und Ziele der Cameralia und Statistik aufsucht, so hat die Hygiene der Sanitätspolizei ihre naturwissenschaftliche Grundlage zu geben.

Aus der grossen Zahl der dahin gehörigen Gegenstände stehen augenblicklich einige im Vordergrunde, von welchen, dem gegenwärtigen Stadium ihrer Entwicklung entsprechend, am besten ausgegangen wird. Ich habe dieses Hauptverzeichniss schon bei einer anderen Gelegenheit mitgetheilt, halte es aber nicht für überflüssig, es bei dieser Gelegenheit zu wiederholen. Es sind die Capitel über Luft, deren chemische und physikalische Veränderungen, Kleidung, Wohnung, Ventilation, Beheizung, Beleuchtung, Bauplätze, Boden, dessen Verhalten zu Luft, Wasser und organischen Substanzen, Grundluft, Grundwasser, Einfluss gewisser Bodenverhältnisse auf Vorkommen und Verbreitung von Krankheiten, namentlich einiger epidemischen, Trinkwasser und Versorgung menschlicher Wohnorte damit, Nahrungsmittel mit Rücksicht auf Victualienpolizei, Genussmittel, Kostregulative, Sammlung und Fortschaffung des Unrathes und sonstiger Abfälle des menschlichen Haushaltes und der Gewerbe, Canalisirung, Desinfection, Leichenschau und Beerdigungswesen, der Gesundheit schädliche Gewerbe und Fabriken, Schulen, Casernen, Pflegeanstalten, Gefängnisse, Gesundheitsstatistik (Biostatik).

In diesen Capiteln soll nicht nur jeder praktische Arzt, sondern namentlich jeder beamtete Arzt, welcher zur Erreichung von Zwecken der öffentlichen Gesundheitspflege und der Medicinalpolizei mitzuwirken hat, schon während seiner Ausbildung mit dem jeweiligen Stande des positiven hygienischen Wissens darüber vertraut gemacht werden, damit es ihm leichter werde, sich darin fortzubilden, wenn er die Schule verlassen hat.

Es ist bedauerlich, dass die medicinischen Facultäten in Deutschland und Oesterreich diese Lehraufgabe bisher als etwas ganz Nebensächliches behandelt, keine eigenen Lehrstühle dafür errichtet und sich allzusehr auf den gesunden Menschenverstand und den Privatfleiss ihrer Zöglinge verlassen haben, von welchen die Mehrzahl entweder als Ignoranten oder als Autodidacten in Hygiene die Schule verlassen. Die Meisten, zunächst nur klinisch ausgebildet, beschäftigen sich auch danach noch lange nur als praktische Aerzte, und wenn sie dann in reiferem Alter zu beamteten Aerzten werden, dann sollen sie plötzlich und unvorbereitet in allen diesen, für das Gemeinwesen oft so schwer wiegenden Fragen gelegentlich das grosse und entscheidende Wort sprechen. Manche lassen sich deshalb auch nicht selten vom jeweiligen Strome der öffentlichen Meinung und der Verhältnisse treiben und ins Schlepptau nehmen und sind froh, mit einer gewissen Routine, welche sie sich im Laufe der Zeit erworben, von Fall zu Fall durchzukommen, ohne allzusehr von schwerfälligen Principien belastet gegen herrschende Vorurtheile zu verstossen. Es gibt Ausnahmen, und zwar glänzende, aber Ausnahmen bilden nicht die Regel und sind noch wenig gesucht.

In Deutschland haben einstweilen nur die drei baierischen Landesuniversitäten die Hygiene als obligates Fach in ihren Lehrkörper aufgenommen, in Erlangen vertritt dasselbe Prof. Rosenthal, der Physiologe, in München ich, in Würzburg Prof. Geigel. In Leipzig hat Prof. Franz Hofmann einen freiwilligen Anfang gemacht, von dem ich mir viel verspreche. In Bonn wurde Prof. Finkelnburg damit betraut. In Göttingen hat schon seit einer Reihe von Jahren — auch ganz freiwillig — sich der Physiologe Prof. Meissner des Faches angenommen, seine Wichtigkeit anerkennend. In Prag interessirt sich Prof. Huppert für mehrere Theile desselben, in Pest vertritt es Prof. Fodor, in Wien geht man damit um, es zu besetzen.

Als Merkwürdigkeit — möchte ich sagen — kann ich mittheilen, dass sich in München bereits ein Privatdocent für Hygiene (Dr. Forster) habilitirt hat, welcher mit Erfolg unter Voit's Leitung in Ernährungsfragen gearbeitet hat und darüber Vorträge hält. Es kann sein, dass auch an anderen deutschen und österreichischen Universitäten in neuerer Zeit etwas für Hygiene geschieht, wovon mir nichts bekannt ist, aber so viel scheint mir gewiss, dass an den meisten das Fach noch ziemlich brach liegt.

In Frankreich und in England gehört Hygiene bei den medicinischen Facultäten schon seit längerer Zeit zu den regelmässig durch einen ordentlichen Lehrer vertretenen Fächern, von denen allerdings die Mehrzahl noch nicht, aber doch schon einige, und gerade die hervorragenderen (z. B. Parkes) auf dem naturwissenschaftlich untersuchenden, experimentellen Standpunkt stehen.

Auch in Russland hat man die Vertretung der Hygiene an den Universitäten im Principe angenommen, und ist z. B. Prof. Subbotin in Kiew ein würdiger Vertreter des Faches.

Es ist eine beachtenswerthe Thatsache, dass man jetzt wenigstens beim Militair einen besseren Betrieb der Hygiene zu schätzen anfängt. In der englischen Armee wird schon seit einer Reihe von Jahren kein Arzt mehr angestellt, welcher nicht 4 Monate lang in der Army medical School zu Netley gewesen und dort auch in dem hygienischen Institut von Parkes gearbeitet hat. An der Militair-Akademie in St. Petersburg ist Dr. Dobroslavin dafür ernannt. Auch in der deutschen Armee hat man angefangen, unter die Gegenstände der Fortbildungscurse, zu welchen die jüngeren Militairärzte eingerufen werden, Hygiene aufzunehmen, und die besten Handbücher der Hygiene haben Militairärzte zu Verfassern, worunter in erster Linie Military Hygiene von Dr. Parkes, und Militairgesundheitspflege von Roth und Lex zu nennen sind.

Generalarzt Dr. Roth trägt das Fach auch am Polytechnicum zu Dresden für Architekten und Ingenieure vor, und gleichwie in Sachsen die erste agriculturchemische Versuchsstation entstanden war, so wurde in Dresden unter Leitung des Hofrathes Dr. Fleck eine chemische Centralstelle für öffentliche Gesundheitspflege errichtet, welche seit einigen Jahren mit Erfolg in Thätigkeit ist.

Warum das nun an anderen Orten in Deutschland, und namentlich an den Universitäten nicht auch so ist, dafür werden gewöhnlich zwei Gründe angegeben.

Der eine lautet dahin, dass es in der Hygiene vorläufig noch so wenig vorzutragen gibt, dass man keine volle Vorlesung darüber halten könnte, welche ein ganzes Semester hindurch dieselbe Zeit, wie bei anderen Fächern, in Anspruch nähme und aus diesem einfachen Grunde wäre es auch noch nicht an der Zeit, eigene Professuren dafür zu errichten. Diese Einrede verdient nicht mehr die geringste Beachtung, seitdem an mehreren Universitäten wirklich über Hygiene gelesen und von den Docenten durchaus nicht über Mangel an Stoff geklagt wird. Man könnte über Canalisirung, Berieselung und Wasserversorgung allein ein Semester hindurch mehrmals in der Woche Vorträge halten, ohne überflüssig weitschweifig zu werden. Ich lehre seit mehreren Jahren regelmässig ein Semester hindurch über Hygiene, namentlich über die oben genannten Capitel, wöchentlich fünfmal, und habe jedes Jahr nur zu bedauern, dass ich Vieles nur oberflächlich berühren muss, auf Manches gar nicht eingehen kann, weil die Zeit dafür nicht hinreicht. Ueber Mangel an Stoff kann nur derjenige klagen, welcher sich nie mit dem Umfange desselben vertraut gemacht hat.

Als zweiter Grund gegen Errichtung eigener Lehrstühle für Hygiene wird oft auch noch angeführt, dass dafür, so weit als wirklich nothwendig, an allen jenen medicinischen Facultäten gesorgt sei, welche noch Lehrstühle für Staatsarzneikunde besitzen.

Die Staatsarzneikunde besteht aus gerichtlicher Medicin und Medicinalpolizei, in welch letzterer wesentliche Zweige der Hygiene inbegriffen seien. Ich bin nun gerade darüber ganz anderer Ansicht. Die gerichtliche Medicin und die Medicinalpolizei haben die heterogensten Grundlagen, die man sich nur denken kann, ihre Einheit in der Staatsarzneikunde besteht nicht in der einheitlichen Grundlage, sondern lediglich in dem formellen Umstande, dass beide eine nahe Beziehung zu Staatseinrichtungen haben, welche unter sich aber auch wieder ganz verschiedener Natur sind, das eine Fach zur Rechtspflege, das andere zur Verwaltung. Gleichwie im Staate Justiz und Administration nicht mehr in ein und derselben Hand belassen werden konnten, sondern beide principiell getrennt werden mussten, so hätte das Gleiche schon längst auch in der Staatsarzneikunde geschehen sollen, und dass das noch nicht geschehen ist, hat seinen Grund gewiss nicht darin, weil Alles reiflich erwogen worden ist, sondern weil man es ohne alle weitere Erwägung da beim Alten gelassen hat.

Die gerichtliche Medicin hat Fragen zu beantworten, welche die Rechtspflege an das jeweilige ärztliche Wissen über bestimmte Thatbestände richtet. Jeder gründlich gebildete Arzt, wenn er für die Fälle, in denen es sich um Nachweis von Giften handelt, noch durch eine chemische Analyse unterstützt wird, kann diese Fragen, welche sich in der Regel vorwaltend auf Gegenstände der Chirurgie, der Geburtshilfe und der Psychiatrie (Zurechnungsfähigkeit), seltener auf interne Medicin beziehen, richtig beantworten, wenn er nur noch darin unterrichtet ist, worauf der Richter bei der Fragestellung das Hauptgewicht legt. Der Arzt, welcher eine Wunde nicht richtig beurtheilen kann, oder keine Section zu machen versteht in Fällen, welche nicht Gegenstand einer gerichtlichen Verhandlung sind, wird seine Sache auch nicht besser machen, so oft er vom Richter darum gefragt wird, wenn er gleich alle Gesetzesstellen auswendig wüsste, — und demjenigen, welcher das nöthige ärztliche Wissen und Können besitzt, wird es auch ohne gerichtsärztliche Praxis leicht werden, wenn er nur weiss, was der Richter eigentlich vom Arzte wissen will.

Die Medicinalpolizei hat Fragen der Verwaltung an das ärztliche Wissen zu beantworten, welche im Interesse der Gesundheitspflege gestellt werden, und hat mit der Rechtspflege nicht das Geringste zu thun. Die materielle Grundlage der gerichtlichen Medicin ist das gesammte ärztliche Wissen, soweit Fragen der

Rechtspflege dasselbe berühren, und die materielle Grundlage der Medicinalpolizei kann nur die Hygiene sein. Wenn man gerichtliche Medicin und Medicinalpolizei darauf hin mit einander vergleicht, wie positiv die Grundlagen sind, auf welche sich die von ihnen gegebenen Antworten stützen, so macht man die betrübende Wahrnehmung, dass die materiellen Grundlagen der letzteren wissenschaftlich noch viel unbestimmter und unvollkommener entwickelt sind, als die der ersteren.

Dass die Medicinalpolizei für das Allgemeine von grösster Bedeutung ist, geht mehr aus der grossen Zahl von Verordnungen hervor, welche in allen Ländern bereits bestehen, als aus dem Nachweise, was diese Verordnungen thatsächlich zur Verminderung der Morbidität und Mortalität und zur Vermehrung der allgemeinen Gesundheit beigetragen haben, oder wie weit die Voraussetzungen vom gesundheitswirthschaftlichen Werthe der durchgeführten Mittel in Wahrheit begründet sind.

Die Lehrer der Staatsarzneikunde befassen sich gewöhnlich wenig mit diesen Fragen, sondern erblicken mit Vorliebe ihre Aufgabe in der Kenntniss der bestehenden Verordnungen und in Durchführung derselben, und glauben oft der öffentlichen Gesundheit mit einer neuen Verordnung auf alter Grundlage, oder einer anderen und besseren Fassung des Wortlautes aufhelfen zu können, um — wie man oft hört — ordentlich eingreifen zu können. In wenigen Fällen wird untersucht, was das „Eingreifen" wirklich genützt, welchen gesundheitswirthschaftlichen Erfolg es gehabt hat

Ich datire diesen Zustand der Staatsarzneikunde noch aus Peter Frank's Zeiten, als dieser sie gegründet hat, und als er unmöglich schon jene Wissenschaften und jene Zweige der Praxis zur Lösung seiner Aufgaben herbeiziehen konnte, welche erst nach seiner Zeit entstanden sind. Peter Frank war unstreitig ein grosser Mann und ein umfassender Geist. Keiner vor ihm hat den Werth der Gesundheit des Einzelnen und deren Beziehung zum Gesammtwohl so scharf und so richtig angesehen und erkannt, als er. Er hat in seiner Staatsarzneikunde gleichsam den ersten grossen Bauplan gemacht, wie etwa Baupläne für neue Städte oder Stadttheile festgesetzt werden, dessen allmälige Ausführung in der Zukunft er aber der Wissenschaft überliess. Mit- und Nachwelt hat ihn wenig verstanden. Anstatt wirklich Neues zu bauen oder doch wenigstens den Boden zu untersuchen, auf den gebaut werden sollte, Grund zu graben, für gutes Baumaterial zu sorgen und es herbeizuschaffen, oder fortzuschaffen, was schon zufällig auf dem Platze steht, aber abgebrochen werden muss, wenn die neuen Baulinien enstehen sollen, haben Viele in Peter Frank's Sinne zu handeln geglaubt, wenn sie seine Pläne nur immer auf dem Papier vervielfältigten oder abänderten, das zufällig Vorhandene hier und da auffrischten, mit etwas anderer Farbe anstrichen, allerlei am Alten herumflickten. Und so entwickelte sich seine Staatsarzneikunde nicht nur nicht weiter, sondern entartete zu jenem rein formellen Gemische von gerichtlicher Medicin und Medicinalpolizei, wie es uns noch heutzutage geboten wird.

Der Sanitätspolizei ist nicht auf dem Verordnungswege, sondern nur auf dem Wege der Wissenschaft, durch Entwicklung ihrer natürlichen Grundlage, der Hygiene zu helfen, und gerade dafür haben die medicinischen Facultäten bisher sehr wenig gethan, und der Staat, welcher der Sanitätspolizei nicht entbehren kann, hat nicht nur das Recht, sondern auch die Pflicht, sie zu veranlassen, künftig mehr zu leisten. Mit der Entwicklung der Hygiene werden sich auch die sanitätspolizeilichen Verordnungen vielfach ändern. Wenn man diese in allen Ländern, ich nehme keines aus, aufmerksam durchgeht, da fände eine Revision schon vom gegenwärtigen, wenig vorgeschrittenen Standpunkte der Wissenschaft aus die Hälfte zu ändern. Der Betrieb der Sanitätspolizei war bisher eigentlich ein recht harmloser und unverantwortlicher. Die Verwaltung hat immer erklärt, keine Verantwortung für die Maassregeln, sondern nur für deren Durchführung zu tragen, und die damit betrauten Medicinalbeamten glaubten sich wesentlich immer nur auf den Boden der bestehenden Verordnungen stellen zu müssen, für den sie nicht verantwortlich wären. Was die Verwaltung anlangt, so trifft auf sie eigentlich doch eine grössere Verantwortung, als sie gerne tragen möchte, denn sie ist der allein entscheidende Factor bei jeder Wahl von gesetzlich bindenden Maassregeln. Einer Behörde wird von verschiedenen Sachverständigen oft sehr Verschiedenes vorgeschlagen, die Behörde wählt, und trägt damit auch die Verantwortung für diese Handlung. Aus diesem Grunde kann der Verwaltung auch die Verpflichtung aufgebürdet werden, dafür zu sorgen, dass das Gebiet, aus welchem sie ihre Maassregeln zu wählen hat, möglichst gut bestellt und entwickelt werde. Wer Gesundheitspolizei treiben will, muss Alles aufbieten, das hygienische Wissen, auf dem alle Praxis ruht, zu fördern, und der Staat hat seine Aerzte darauf sorgfältig zu prüfen.

Solche Aerzte werden dann auch bald der Verwaltung gegenüber einen anderen Standpunkt einnehmen und Einfluss gewinnen. So weit sie bisher beim Entstehen von Verordnungen mitzuwirken hatten, nahmen sie meistens nur den Standpunkt der ärztlichen Privatpraxis ein, und verordneten, was nach ihrer Ueberzeugung etwa gut sein könnte, ohne erst weitläufige Studien und Untersuchungen anzustellen, wie weit ihre Voraussetzungen begründet wären. In Fragen der öffentlichen Gesundheit muss aber der Arzt vielfach einen ganz anderen Standpunkt wählen, als in seiner Privatpraxis. Die Stellung des Arztes seinen Kranken gegenüber ist eine eigenthümliche und ihrer Natur nach bevorzugte; denn so gross eigentlich die Verantwortung ist, welche auf dem Arzte lastet, so kann und braucht er doch fast ausschliesslich nur sich selbst und seinem Gewissen Rechenschaft zu geben. Er ist gewohnt, seinen Kranken zu befehlen, Verordnungen zu erlassen, welche bindend sind, welche abzuändern nur er das Recht hat, sowie er auch an den strengsten Gehorsam seiner Vollzugsorgane gewöhnt ist. Er besitzt diese Machtfülle, so lange er das Vertrauen des Patienten geniesst. Dieser absolute Standpunkt hat bei Behandlung der einzelnen Kranken, in der sogenannten Privatpraxis keinerlei Bedenken, ist im Gegentheil hier nicht nur ein berechtigter, sondern auch ein nothwendiger; aber den Aufgaben der allgemeinen und öffentlichen Gesundheitspflege gegenüber ist der autokratische Standpunkt der ärztlichen Praxis unhaltbar, und dieser Unterschied wird noch vielfach verkannt. Wenn der Staat oder die Gemeinde die medicinische Wissenschaft consultiren, dann genügt weder die persönliche Ueberzeugung des consultirten Arztes, noch das Vertrauen der consultirenden Behörde. Der Staat und die Gemeinde müssen diese ärztlichen Ordinationen, welche sie im Interesse der Gesundheit Aller zum Vollzuge bringen, nicht nur persönlich vor sich selbst, wie der einzelne Patient, sondern auch vor der Allgemeinheit verantworten, weil diese und nicht sie die Kosten und alle weiteren Folgen zu tragen hat. Darin liegt der grosse factische Unterschied zwischen ärztlicher Privatpraxis und öffentlicher Hygiene.

Dem Staat und der Gemeinde gegenüber hat der Arzt keine Verordnungen zu schreiben, welche durch die Polizeigewalt unweigerlich zu vollziehen wären, wie etwa die gewöhnlichen ärztlichen Ordinationen in den Apotheken gemacht werden müssen, sondern der Arzt kann nur Anträge stellen und hat diese und ihren Werth durch wissenschaftliche oder empirische sichere Nachweise zu begründen. Wenn man den Gesunden etwas verschreiben will, womit sie ihre Gesundheit erhalten sollen, da ist nicht jede Behandlungsart gerechtfertigt, wie bei Kranken, die behandelt sein wollen und schon aus Humanitätsrücksichten behandelt werden müssen, wenn sie auch hoffnungslos darniederliegen, und denen man es überlassen kann, ob sie homöopathisch oder allopathisch, nach Schrott oder Rademacher oder Baunscheidt genesen, oder ihre Hoffnung auf Sympathie oder eine Wallfahrt setzen wollen; für die Gesunden thut man besser nichts, als dass man etwas verordnet, was viel Geld kostet und keinen Nutzen hat. Staat und Gemeinde haben in der Regel den besten Willen und sind opferbereit, für Stärkung und Vermehrung der Gesundheit Aller, für Entfernung allgemeiner Krankheitsursachen zu sorgen, aber diesem guten Willen müssen sichere Grundlagen geboten werden, dass er nicht in Widerwillen umschlage, und an diesen Grundlagen zu arbeiten und sie immer mehr und mehr auszubilden, ist Aufgabe der Hygiene als untersuchende, forschende und experimentirende Wissenschaft.

Es liegt also nicht bloss bereits so viel Material vor, um Lehrstühle zu errichten und regelmässige Vorlesungen über eine Anzahl von Capiteln der Hygiene zu halten, sondern ausserdem so viele wissenschaftliche und praktische Aufgaben, die nach der Methode der Naturwissenschaften erst noch zu bearbeiten sind, dass neben einem Lehrstuhl auch ein Attribut zur Bearbeitung derselben und zur Uebung von Schülern zu gründen ist. Ich weiss nicht, welchem Gliede der medicinischen Facultäten diese zweifache Art der Thätigkeit, hygienisch zu lehren und zu forschen, als Nebenfunction mit nur einiger Aussicht auf Erfolg übertragen werden könnte. Die Professoren der Staatsarzneikunde und die Vertreter der praktischen Zweige der Medicin passen jedenfalls nicht dafür, die einen nicht, weil sie erfahrungsgemäss ihren Schwerpunkt in der gerichtlichen Medicin und der klinischen Praxis suchen, die Hygiene nur in den sanitätspolizeilichen Verordnungen erblicken, die anderen nicht, weil sie schon mit so vielen Aufgaben für ihre Fächer belastet sind, dass es ihnen schon an Zeit gebricht.

Es dürfte an der Zeit sein, das unfruchtbare Connubium zwischen gerichtlicher Medicin und Medicinalpolizei aufzulösen, und zwar aus den nämlichen Gründen, aus welchen man Rechtspflege und Verwaltung, Justiz und Administration getrennt hat. Die Medicinal- oder Sanitätspolizei kann der Hygiene als ein angewandter Theil überwiesen werden, es kann vom Lehrer der Hygiene im ersten Semester Hygiene für alle Studirende der Medicin, im zweiten Sanitätspolizei für solche gelesen werden, welche Medicinalbeamte werden wollen.

Eine erfolgreichere Thätigkeit der Amtsärzte in der Richtung der öffentlichen Gesundheitspflege lässt sich erst nach der Trennung der gerichtlichen Medicin von der Medicinalpolizei und nach der Befreiung von der Nothwendigkeit privatärztlicher Praxis erwarten. Der gegenwärtige Physikatsarzt dient noch immer wie einstmals der Landrichter alten Styles der Justiz und der Verwaltung gleichzeitig und gleichmässig. Eine Trennung der beiden Functionen scheint lediglich deshalb noch nicht nothwendig geworden zu sein, weil im Grunde beide für den Amtsarzt vorläufig nur noch Nebensachen sind, während sein Hauptgeschäft, welches ihm auch den grössten Theil zu seinem Lebensunterhalte verschaffen muss, immer noch die privatärztliche Praxis ist. Erst wenn der Arzt, welcher als Hygieniker für Zwecke der öffentlichen Gesundheitspflege zu wirken hat, unabhängig von jeder gerichtsärztlichen und privatärztlichen Praxis gestellt sein wird, wird er eine grössere Wirksamkeit entfalten können; dann kann ihm auch mehr zugemuthet werden und es wird dann wohl der dritte Theil der gegenwärtigen Anzahl von Bezirks- oder Amtsärzten für den öffentlichen Dienst genügen.

Ich habe schon oft erfahren müssen, dass man ziemlich unschwer das Zugeständniss erlangen kann, dass ein besserer und regelmässiger Unterricht der Studirenden der Medicin in den Hauptcapiteln der Hygiene sehr wünschenswerth, ja sogar nothwendig sei, dass man eine Art Instructor dafür brauche, schon um dem jungen Arzte, der ohnehin so viel zu studiren und zu arbeiten hat, nicht auch noch die Mühe aufzuladen, sich das nothwendigste über diesen Stoff aus verschiedenen Büchern und Zeitschriften mühsam zusammenzulesen; — aber viel seltener findet man dafür ein geneigtes Gehör, dass auch noch Attribute und Anstalten geschaffen werden sollten, um experimentell zu arbeiten und hygienische Untersuchungen anzustellen. Das rührt hauptsächlich davon her, weil man der Hygiene, wenn auch das Recht zu einer Fachexistenz, doch noch nicht den Rang einer Wissenschaft zugesteht. Diese letztere Frage halte ich vorläufig für etwas Gleichgiltiges, wenn man der Hygiene nur die nöthigen Mittel gewährt, dass sie die ihr zustehende nöthige

Arbeit leisten kann, im Range wird sie dann bald avanciren. Vorläufig aber können sich die Wenigsten vorstellen, was in solchen Attributen oder Instituten denn Anderes geschehen könnte, als einige Trinkwasseranalysen zu machen, hier und da Nahrungsmittel auf Verfälschungen oder Verderbniss zu untersuchen, eine Tapete auf Arsenik zu prüfen, überhaupt für etwa vorkommende sanitätspolizeiliche und forense Fragen in jeder Richtung dienstbereit zu sein.

Diese Frage kam vor nicht langer Zeit gerade in München zu lebhafter Discussion, als ich nach Wien übersiedeln sollte, und die österreichische Regierung mir neben einer Professur für Hygiene auch ein hygienisches Attribut in Aussicht gestellt hatte. Als ich die Gewährung eines solchen zur Bedingung meines Bleibens in München machte, war wohl die medicinische Facultät und der akademische Senat der Universität München mit meinen Vorschlägen leicht einverstanden, aber das baierische Cultusministerium hatte grosse Schwierigkeiten, die dafür nöthige Summe beim letzten Budgetlandtage durchzubringen, denn die Abgeordneten fragten ernstlich, wozu diese neue Ausgabe, was soll damit bezweckt werden, was kann in einer solchen Anstalt gearbeitet werden?

Ich bemühte mich damals zu zeigen, dass die Hygiene wirklich die natürliche Grundlage aller Sanitätspolizei sei, und dass wir trotzdem schon viel mehr Sanitätspolizei im Staate, als Hygiene in der Wissenschaft hätten. Ich glaubte am deutlichsten zu werden, wenn ich einfach darlegte, was mich, den Einzelnen, im Augenblicke beschäftigte. Ich will hier einige dieser Beispiele wiederholen, verwahre mich aber feierlich gegen den Vorwurf der Unbescheidenheit, als hätte ich je gedacht, dass ich das, was mir zunächst liegt, was zufällig eben meine Gedanken in Anspruch nimmt, für das Wichtigste und Nothwendigste halte, als gäbe es in der Hygiene nicht noch viel Wichtigeres und Nothwendigeres zu thun. Um zu überzeugen, hat man aber neben allgemeinen Erörterungen auch noch concrete Beispiele nothwendig, und da man nichts genauer kennt, als was man selbst erlebt, so ist es in solchen Fällen gewiss am Platze, zunächst von sich selbst zu reden.

Meine fortlaufenden Bemühungen, in die Untersuchungen über Vorkommen und Verbreitungsart wichtiger epidemischer Krankheiten, über den Einfluss von Boden, Wasser, Trinkwasser u. s. w. darauf, mehr System und Consequenz und in die Anschauung mehr

Klarheit zu bringen, darf ich als bekannt voraussetzen; ich betrachte sie nur als vorläufige erste Anfänge von Untersuchungen in hygienischer Richtung, aber als solche, welche doch unter allen Umständen einmal gemacht werden müssen. Damals arbeitete bei mir Dr. Glässgen gerade über eine Methode, den Grad der Feuchtigkeit in Wänden zu bestimmen, mit besonderer Rücksicht auf streitige Fälle bei Ertheilung oder Verweigerung des polizeilichen Wohnungsconsenses für Neubauten. Bisher konnte man sich wesentlich nur an das Alter des Baues, an das Vorhandensein feuchter Flecke, überhaupt nur an subjective Wahrnehmungen und Empfindungen halten. Man war daher bei jedem streitigen Falle der Willkür oder dem Zufall überlassen; man befühlte, beklopfte, besichtigte und beroch wohl die Wände eines Neubaues, man suchte das Wasser in der Wand zu fühlen, zu hören, zu riechen und zu sehen, hatte aber keine Methode, dessen Menge zu bestimmen, und wusste auch gar nicht, wie viel in der Wand sein darf, ohne für schädlich angesehen werden zu müssen. Diese Arbeit ist seitdem fertig geworden und im 10. Bande der Zeitschrift für Biologie veröffentlicht. Die Methode lässt sowohl das freie Wasser im Mörtel einer Wand, als auch das im Kalkhydrat gebundene bestimmen, von dessen Freiwerden unter dem Einflusse der Kohlensäure man irriger Weise noch so allgemein die Feuchtigkeit der Neubauten ableitet. Die Methode hat seit ihrem Bestehen schon zur Constatirung einiger Thatsachen geführt, welche allgemeines Interesse verdienen.

Erst jüngst hat Dr. Wolffhügel ermittelt, dass in einem bereits über 100 Jahre alten Pfarrhause alle Zimmer viel feuchter sind, als Neubauten gewöhnlich sind, so lange man sie zu beziehen polizeilich verbietet. Der Pfarrer hatte aus freien Stücken die Untersuchung veranlasst, weil er, seit er die Pfründe angetreten, sich viel unwohl fühlte, auch seine Vorgänger viel krank gewesen und unter dem mittleren Lebensalter, welches sonst der katholische Clerus erreicht, gestorben seien· Von den beiden letzten Vorgängern ist durch ärztliches Zeugniss constatirt, dass sie beide an Morbus Brightii gestorben sind. Der Baubeamte konnte keine besondere Abnormität im Hause finden, und man dachte, der Pfarrer sei zu ängstlich oder übertreibe. Die Untersuchung ergab einen abnorm hohen Wassergehalt im Mörtel aller Zimmer, und zwar nur freies Wasser, in einem Zimmer sogar 18 Procent, Hydratwasser keine Spur mehr, während Glässgen in einem ganz neuen, noch nicht bezogenen Schulhause Münchens freies und gebundenes Wasser zusammen nur etwas über 11 Procent fand. Ich führe dieses Beispiel an, um darauf aufmerksam zu machen, dass die Sanitätspolizei, wenn sie in ihren Verordnungen gegen Feuchtigkeit in den Wohnungen wirken will, vor Allem ein besseres Maass dafür braucht, als sie bisher hatte, dass sie Normen aufstellen muss, welche vom subjectiven Ermessen unabhängig sind, und dass es Aufgabe der Hygiene ist, solche Maasse herzustellen.

Ein anderer Gegenstand der Hygiene und vielfach auch bereits der Sanitätspolizei ist die Verwesung organischer Substanzen im Boden, worüber man vorläufig nur die primitivsten Kenntnisse besitzt, obschon man von Imprägnirung des Bodens, von Verderbniss von Luft und Wasser, von Cloaken, von Begräbnissplätzen und ihrem schädlichen Einflusse auf die Gesundheit nicht nur viel spricht und fest daran glaubt, sondern auch strenge und kostspielige Maassregeln dagegen richtet.

Wie vielen Gemeinden wird eine theure Verlegung ihrer Begräbnissplätze aus Sanitätsrücksichten aufgetragen, ohne dass man zuvor und darnach irgend eine ernstliche Untersuchung darüber anstellt, ob Boden, Wasser und Luft im Kirchhof wirklich mehr verunreinigt sind, als in der bewohnten Umgebung; ob der Begräbnissplatz in concreto denn wirklich schon einen Schaden für die Ortsgesundheit gestiftet habe oder nur stiften könne, und ob es nach Verlegung und wegen Verlegung des Kirchhofes darnach besser geworden ist. Das Geld, welches die Gemeinden oft auf Verlegung eines Kirchhofes verwenden müssen, könnte meist viel nützlicher für andere Zwecke der Ortsgesundheit, namentlich für grössere Reinlichkeit im Orte selbst verwendet werden.

Ich hatte Dr. Crüger veranlasst, in meinem noch sehr mangelhaft eingerichteten Laboratorium Versuche anzustellen, was und wie viel in die Luft übergeht, wenn man verwesende Eiweissstoffe in Quarzsand, Kalksand oder Lehm bringt, und mit verschieden hohen, verschieden feuchten Schichten überdeckt. Die Ergebnisse der Versuche, deren Veröffentlichung zu hoffen ist, sprechen gar nicht zu Gunsten der herrschenden Ansichten über diesen Gegenstand. Auch Hofrath Fleck, der Vorstand der chemischen Centralstelle für öffentliche Gesundheitspflege in Dresden, hat sich in neuester Zeit mit diesem interessanten und wichtigen Capitel experimentell beschäftigt und bereits lehrreiche Thatsachen in seinem Jahresberichte veröffentlicht.

Mein Assistent Dr. Wolffhügel arbeitet gegenwärtig neben Anderem über Imprägnirung des Bodens durch Siele und Abtrittgruben in München, auf die wir bisher mehr geschlossen haben, als dass wir sie unter den verschiedenen, von der Natur gegebenen Umständen beobachtet hätten. Da hilft nichts, als Schachte anzulegen und das Erdreich unter Sielen und Gruben auszuheben und zu untersuchen, wenn man nicht immer auf dem trügerischen Boden der blossen Conjectur stehen bleiben will.

Von der Verunreinigung der Luft des Hauses durch Emanationen aus Abtritten und Abtrittgruben, welche Gemenge von Harn und Koth enthalten und wogegen die Sanitätspolizei aller Länder mit Vorliebe jetzt zu Felde zieht, war bisher nicht viel mehr nachgewiesen, als dass es übel riecht und dass Metalle anlaufen, und auch diese Kenntniss ist nicht durch Untersuchung mit den zu Gebote stehenden Mitteln der Wissenschaft erlangt worden, sondern beruht lediglich auf einer Wahrnehmung durch die Nase oder das Auge, welche Instrumente jedem Laien auch zu Gebote stehen. Ich veranlasste Dr. Erismann, einmal nur darüber zu arbeiten, wie viel aus einem Gemenge von Harn und Koth, wie es sich in Aborten findet, an Ammoniak, Schwefelwasserstoff, Kohlensäure und anderen flüchtigen Kohlenstoffverbindungen in die Luft übergeht, welche durch die Abtritte so vielfach in das Innere unserer Wohnungen dringt. Auch diese Arbeit ist bis zu einem gewissen Abschlusse gelangt und ist im 11. Bande der Zeitschrift für Biologie veröffentlicht worden. Ich verspreche mir von den gewonnenen Zahlen Erismann's und ihrem Gewichte viel mehr Wirkung auf die Verbesserung unserer Abtritte, als von allen subjectiven Klagen über üblen Geruch, denn es hat sich ergeben, dass eine Abtrittgrube durchschnittlich per Kubikmeter Inhalt binnen 24 Stunden 1 Kilogramm von den genannten Stoffen an die Luft abgibt, so dass eine volle Abtrittgrube mit 18 Kubikmetern, wie sie sich so häufig bei grösseren Zinshäusern finden, täglich ihr gleiches Volum von Gasen und Dämpfen (über 700 Kubikfuss) ins Haus liefern kann.

Dr. Erismann hat auch die Wirkung der üblichsten Desinfectionsmittel darauf untersucht und ihre Werthigkeit für Verhinderung dieser Exhalationen geprüft, und wie viel Sauerstoff diese Fäulnissprocesse, durch die Thätigkeit der Fäulnissbacterien, der Luft entziehen. Die ganze Desinfectionsfrage, welche jetzt bei allen ansteckenden und verschleppbaren Krankheiten in der öffentlichen

Meinung eine so grosse Rolle spielt, bedarf nicht nur im wissenschaftlichen Interesse der Hygiene, sondern auch im praktischen Interesse der Sanitätspolizei und des Gemeindesäckels eines eingehenderen Studiums, als bisher. So oft in einem Lande eine Choleraepidemie ausbricht, verzehrt die Desinfection im Grossen solche Geldsummen, wie man sie nie für wissenschaftliche Versuche erhalten könnte, wenn diese auch von grösster Bedeutung wären. Was die Desinfection nur in München während der letzten Choleraepidemie gekostet hat, um das könnte man ein paar hygienische Institute bauen. Desinficiren ist einstweilen noch mehr Mode, als wissenschaftlich begründete Methode, denn kein Mensch weiss vorläufig etwas darüber anzugeben, ob die Heftigkeit der Epidemien durch unsere bisherigen Bestrebungen in dieser Richtung auch nur im Geringsten beeinflusst worden ist. Es ist vielleicht noch nie so lange und ausgiebig vor Ausbruch einer Epidemie desinficirt worden, als vor einem Jahre in der k. Gefangenanstalt Laufen an der Salzach, und noch nie ist in Europa ein heftigerer Choleraausbruch erfolgt, als dort im December 1873.

München hatte in diesem Jahre bekanntlich zwei ganz auffallend von einander abgegrenzte Choleraepidemien, eine Sommer- und eine Winterepidemie. Während der Sommerepidemie war die Desinfection nur in jenen Häusern obligat, in welchen Cholerafälle vorkamen, in den übrigen facultativ. In den Cholerahäusern wurde die Maassregel streng durchgeführt, und man glaubte allgemein, die geringe Ausdehnung, welche die Epidemie im August, zu dieser sonst für Cholera günstigen Zeit nahm, sei eine unzweideutige Wirkung der Desinfection an allen Punkten, wo sich die Krankheit zeigen wollte, gewesen. Als nun in der zweiten Hälfte des November die Epidemie wiederkehrte, glaubte man natürlich einen Schritt weitergehen zu müssen und die rechte Waffe in die Hand zu nehmen, wenn man die Desinfection sofort über alle Häuser der Stadt ausnahmslos und zwangsweise ausdehnte, und man hoffte dadurch das Uebel im Keime zu ersticken. — Es sollte aber anders kommen. Trotz alles starken Glaubens an die Desinfection, von dem auch der grösste Theil des Pulicums durchdrungen war, und trotz strenger und sorgfältiger Ueberwachung derselben durch die Polizei, wurde die Winterepidemie viel heftiger und dauerte viel länger. Wenn die Ausführung der Maassregeln auch jedesmal ihre Mängel gehabt haben mag, so steht doch jedenfalls so viel fest, dass in der Winterepidemie noch viel mehr und viel besser desinficirt wurde, als in der Sommerepidemie, und dass das thatsächliche Auftreten der Krankheit eben so unabhängig von unseren Desinfectionsmaassregeln, wie von der kalten Jahreszeit erscheint, die man sonst auch für ein sehr wirksames Mittel gegen die Cholera hält. Ich verweise ausserdem auf das, was ich in meiner jüngst erschienenen Besprechung der künftigen Prophylaxis gegen Cholera*), nach Ergebnissen der letzten Choleraepidemie 1873—74 in München über Desinfection S. 67—108 mitgetheilt habe.

Vor solchen Thatsachen schliessen unsere Sanitätspolizisten entweder die Augen, oder denken doch nicht weiter darüber nach, denn sie müssen bei nächster Gelegenheit wieder genau ebenso nach der Verordnung handeln, können sich auf langwierige Untersuchungen und unpraktische Grübeleien nicht einlassen. Die Polizei muss handeln und wenn ihre Handlungen auch von keinem Erfolge begleitet sind. Und wenn die Polizei gehandelt und das Publicum gezahlt hat, dann ist die Rechnung und der Act geschlossen, bis ihn die Zeit wieder reproducirt.

Dass die Desinfection einstweilen mehr nur ein Wort und ein frommer Wunsch als eine Sache ist, hat sich auch bei der jüngsten internationalen Sanitätsconferenz in Wien gezeigt. Im Princip wurde die Desinfection, sowohl von den Anhängern des Quarantaine- als des Inspectionsverfahrens einstimmig beschlossen, aber als es sich um Nennung von Mitteln und Methoden handelte, wurde ebenso einstimmig beschlossen, darüber nicht zu discutiren, sondern die Wahl jedem einzelnen Staate zu überlassen. Damit hat die Conferenz eben so viel gethan, als wenn sie den einstimmigen Beschluss gefasst hätte, dass alle Cholerakranken geheilt werden müssen, womit? sei jedem praktischen Arzte anheimzugeben.

Man sieht, wie zahlreich und wichtig die Aufgaben und Untersuchungen nur in der beschränkten Richtung sind, in welcher sich die Gedanken eines Einzelnen bewegen. Vor meinen Augen wimmelt es von Arbeit, die erst gethan werden muss. Nun denke man sich noch die Physik des Hauses, Bekleidung und andere zahlreiche Beziehungen zur Wärmeökonomie des Körpers, zur Ernährung desselben u. s. w. hinzu, und man wird zugestehen müssen, dass ein unabsehbares Arbeitsfeld vor uns liegt. Ich ersehe nirgend bessere Stätten, wo alle diese Aufgaben consequent nach und nach

---

*) Künftige Prophylaxis gegen Cholera. München, literar. artist. Anstalt (Th. Riedel). 1875.

in Angriff genommen werden, die Untersuchungen allmälig ausgeführt werden könnten, als die hygienischen Attribute und Institute an medicinischen Facultäten. Je mehr in diesen Instituten experimentirt werden wird, desto weniger wird künftig immer gleich im Grossen sanitätspolizeilich experimentirt werden und die Sanitätspolizei wird dadurch nicht nur erfolgreicher, sondern verhältnissmässig auch wohlfeiler, nationalökonomischer betrieben werden. Das Wort Experiment hat nicht nur bei der Bureaukratie, sondern auch sonst bei Leuten einen schlechten Klang, man bewilligt dafür nicht gerne Mittel und hält Experiment fast gleichbedeutend mit „zu nichts kommen", oder „nutzlos Geld verschwenden". Aber gerade diese dunkle Scheu auch vor dem berechtigten und nothwendigen Experimente verschlingt in der Welt ungeheure Summen ohne allen Nutzen, denn man führt in allen Fällen, wo man etwas thun soll, das, was doch nur ein Experiment ist, immer gleich im höchsten Maassstabe durch. Experiment heisst auf gut deutsch Erfahrung. Eigentlich ist jede Praxis, auch die sicherste, nur die Wiederholung von Experimenten, die auch einmal neu waren, und lange der Verbesserung bedurften, bis sie ihrem Zwecke entsprachen, aber im gewöhnlichen Leben heisst man Erfahrung oder Experiment nur, was noch neu, noch nicht abgeschlossen ist. Sobald eine Praxis das (neue) Experiment ausschliessen wollte, würde sie in einen Zustand von chinesischer Stagnation verfallen; desshalb experimentirt auch die roheste Empirie und nicht bloss die Wissenschaft, aber erstere thut, um sich das Ansehen der Praxis (des alten Experimentes) zu geben und das verpönte Wort zu meiden, stets ganz sicher, als wiederholte sie nur längst Bekanntes und sicher Gestelltes, experimentirt gleich im Grossen und desshalb auch am theuersten. Die Wissenschaft experimentirt in keinem grösseren Maassstabe, als zur Entscheidung einer Frage nothwendig ist, und sie thut das nicht bloss aus Sparsamkeit, sondern weil sich nur im Kleinen jene Genauigkeit der Beobachtung erzielen lässt, die zu einem sicheren entscheidenden Resultate nothwendig, und welche im Grossen gar nie zu erreichen ist. Ich halte es für überflüssig, Beispiele anzuführen.

Um in Hygiene und durch diese in Medicinalpolizei und öffentlicher Gesundheitspflege vorwärts zu kommen, sind zahlreiche physikalische, chemische, medicinische und andere naturwissenschaftliche Thatsachen weiter zu verfolgen, um sie bezüglich ihres Werths für Vermehrung der Gesundheit und zur Verhütung von Krankheit immer genauer kennen zu lernen, und dafür braucht man Werkstätten oder Laboratorien, oder wie man sie sonst nennen will. Und so hat in gerechter Würdigung der Bedürfnissfrage auch der Finanzausschuss der baierischen Kammer der Abgeordneten im Juli 1874 die Errichtung eines hygienischen Instituts bei der Universität München fast einstimmig genehmigt und die Kammer der Abgeordneten und der Reichsräthe sind diesem Ausschuss-Antrage ohne Discussion beigetreten.

Ich hoffe, dass das Institut binnen 2 Jahren vollendet sein wird. Dasselbe ist für die Vorlesungen, für Uebungen der Studirenden und für Forschungen im Gebiete der Hygiene berechnet. Für die beiden letzteren Zwecke sind 30 Arbeitsplätze in Aussicht genommen, 24 für praktische Curse und etwa 6 für selbständige Arbeiten Vorgerückterer. Die Curse sollen vorzugsweise für jüngere Aerzte eingerichtet werden, welche sich dem Staatsdienste für Zwecke der öffentlichen Gesundheitspflege widmen wollen. In diesen Cursen sollen die Methoden zu Untersuchungen über Luft, Wasser, Nahrungsmittel, Wohnungen, Boden u. s. w. eingeübt, concrete Fälle in Fragen des Bauwesens, der Einrichtung von Häusern und Anstalten, Canalisation, Wasserversorgung, Kostregulative, Ventilation u. s. w. erläutert und beurtheilt werden. Untersuchungen in dieser Richtung selber vorzunehmen, werden die Medicinalbeamten, welche vorwaltend hygienischen Zwecken zu dienen haben, wohl nicht mehr lange ausweichen können.

Es erinnert mich der gegenwärtige Zustand der hygienischen Praxis vielfach an die Zeit, als es der interne Arzt noch unter seiner Würde fand, eine chirurgische oder geburtshilfliche Operation selbst vorzunehmen, als man die Chirurgen und Geburtshelfer noch als ein untergeordnetes ärztliches Personal betrachtete und behandelte. Es wird auch die Zeit kommen, in welcher der Hygieniker mit seiner Theorie und Praxis ebenso ebenbürtig in den medicinischen Facultäten stehen wird, wie die Vertreter anderer älterer Fächer der Medicin. Diese Zeit kann aber nur kommen, wenn die medicinischen Facultäten allmälig der Pflege der Hygiene die gleiche Sorgfalt angedeihen lassen, wie anderen Fächern.

Die hygienische Forschung wird in der Regel nur in den Händen von Aerzten, und namentlich der vorwaltend hygienisch gebildeten gedeihen, aber sie kann von verschiedenen Seiten gefördert werden. Im Leben sind wesentlich drei Stände die natürlichen ausführenden Organe der praktischen Hauptaufgaben der

Hygiene, die Aerzte, die Architekten und Ingenieure, und die Verwaltungsbeamten. Sie Alle müssen wissen, worauf es bei ihrem Thun ankommt, und es wird daher nothwendig sein, dass diese drei Stände in den Schulen, in welchen sie gebildet werden, auch Gelegenheit zu einem gründlichen und anregenden Unterrichte finden. Zur Popularisirung einfacher, richtiger hygienischer Grundsätze in den Familien könnten nächst den Aerzten auch die Geistlichen viel beitragen, und sie würden durch ihr Streben, zur Verhütung von Krankheiten mitzuhelfen, gewiss mehr nützen, als wenn sie versuchen, wie es nicht selten geschieht, Krankheiten zu heilen.

Das jetzt immer lebhafter werdende Bedürfniss und Interesse für Gegenstände der öffentlichen Gesundheitspflege bei allen Intelligenten wird eine so oberflächliche Behandlung der Grundlagen für das Thun in dieser Richtung, eine solche Verkümmerung dieses Wissenszweiges an unseren Universitäten und technischen Hochschulen, wie sie bisher bestanden, nicht mehr lange dulden, und die Errichtung von Lehrstühlen für Hygiene wird um so schneller zur Thatsache werden, je mehr die Gegenstände der öffentlichen Gesundheitspflege mit dem Säckel der Gemeinden und der Steuerzahler in Berührung kommen. Die Hygiene, so unausgebildet sie in manchen Theilen noch ist, ist heutzutage doch schon ein sehr populäres Thema, und ich möchte ausrufen, was Schäffle vor einiger Zeit in Bezug auf die Nationalökonomie sagte: „Nicht mehr um ihre Anerkennung hat die Nationalökonomie zu ringen, weit mehr hat sie sich selbst zu hüten, dass ihre Popularität ihr nicht den Verwässerungstod bringe". Man muss staunen darüber, wie oft das Wort Hygiene erklingt, was Alles Hygiene geheissen wird und wer alles in Hygiene macht. Leute, welche Kranken und Gesunden bloss Magenbitter verkaufen wollen, preisen es unter der Firma Hygiene an. Namentlich wer sich früher Naturarzt hiess, tauft sich jetzt gerne Hygieniker. Ich kenne eine Krankenheilanstalt, welche sich den stolzen Titel: Hygienisches Institut gegeben hat. Solche Leute stellen sich die Hygiene wie eine Art Medicin vor, die man löffelweise den Kranken eingibt, dem einen mehr, dem anderen weniger.

Ich habe mir schon hier und da gedacht, ob es nicht gut wäre, für das Fach einen anderen Namen zu wählen, welcher weniger Gefahr laufen würde in Misscredit zu kommen, z. B. Gesundheitswirthschafts-Lehre, aber dann musste ich mir wieder denken, dass es auch der Chemie nichts geschadet hat, wenn sich Kleiderreiniger, weil sie im Besitze einer Fleckseife waren, Chemiker genannt haben, oder der Physik, wenn sich fahrende Taschenspieler Professoren der Physik und der natürlichen Magie genannt haben. Eine grössere Gefahr, nicht für das Fach der Hygiene an sich, welches nicht mehr untergehen wird, aber für die Zeit, in welcher es zu kräftigerer Entwicklung kommt und nutzbringend wird, erblicke ich darin, dass jetzt vielleicht manche Universitäten und polytechnischen Schulen, dem Drängen der öffentlichen Meinung nachgebend, bloss zum Scheine etwas thun, und dem nächsten Besten, welcher Lust hat, eine Vorlesung übertragen könnten, ut aliquid fecisse videamur. Möchten die Unterrichtsbehörden recht genau prüfen, ob der zu Wählende auch wirklich hoffen lässt und im Stande ist, einzelne Capitel der Hygiene durch Beobachtung und Experiment weiter zu entwickeln, und möchten diesem aber dann auch die nöthigen Mittel dazu wirklich gewährt werden.

Die Lehrer der Hygiene sollen neben der allgemeinen medicinischen Fachbildung in Physik oder Chemie so weit geschult sein, dass sie in irgend einer Richtung der Hygiene naturwissenschaftlich selbständig zu arbeiten im Stande sind. Ich habe schon bei mehreren Anlässen hervorgehoben, dass mir eine vorwaltend physiologische Grundlage die beste Vorschule für Hygiene zu sein scheint, weil letztere die Beziehungen des Menschen und seines Befindens zu seiner Umgebung zu ermitteln hat. Dem Physiologen liegen hygienische Aufgaben jedenfalls sehr nahe, denn er braucht manche Vorgänge im Organismus im Zusammenhange mit seiner ganzen Umgebung nur im Interesse der Gesundheitslehre zu betrachten und etwas weiter zu verfolgen, um auf hygienischem Gebiete zu stehen. Ich will damit nicht sagen, dass der Physiologe die Gegenstände der Hygiene nicht weiter zu studiren brauche, um das Fach vertreten zu können, oder dass der Vertreter der Hygiene Physiologe von Fach sein müsse; es bezieht sich meine Aeusserung mehr auf die beiden Fächern gemeinsamen naturwissenschaftlichen Methoden, auf die Anwendung von Physik und Chemie und anderer Naturwissenschaften, auf gewisse Vorgänge des Lebens, auf Biologie.

Möchte das hier Vorgetragene geeigneten Ortes die gebührende Beachtung finden!